中华先烈人物故事汇

瞿秋白

主编 张树军
副主编 王相坤
编著 王相坤 丁守卫

学习出版社

目 录

Contents

引　子

那次去常州，特地去瞻仰了瞿秋白故居。不知怎的，在听导游介绍时，耳边总是回响着泰戈尔那首著名的《生如夏花》的诗句：

我相信自己
生来如同璀璨的夏日之花
不凋不败，妖冶如火
承受心跳的负荷和呼吸的累赘
乐此不疲
……

是的，瞿秋白的生命虽然极为短暂，但他一直“乐此不疲”地追求革命，其短暂的一生如夏日开放的花朵，是那样浓烈，那样绚烂，那样美艳！又如一首用生命写成的散文诗，虽然篇幅短小，却是那样优美，那样抒情，那样感人，具有一种摄人心魄、令人肃然起敬的力量。

诚如我们所知道的，1899 年，瞿秋白出生于一个日渐破败的官宦世家，之所以会破败，乃是时代的风雨侵袭和家庭的“一代不如一代”共同作用使然。在瞿秋白童年时，他那长年只会“宅”在家里几乎“百无一用”的父亲带给全家七八口人的除了无休无止的贫穷就是没完没了的屈辱，而这，也正是他那美丽贤惠、自尊心极强的母亲在羞愤与绝望中自杀的最主要原因。

都说“少年不识愁滋味”，恰恰相反，在这样的家庭中长大的瞿秋白却“少年识尽愁滋味”。因为贫穷，因为母亲自杀导致家破人亡，以致中学未毕业，他就不幸辍学了。

年少时的不幸、坎坷与屈辱并没有让瞿秋白因此变得自卑、沉沦以至心理阴暗、玩世不恭，相反，却让他愈挫愈奋，虽然历尽坎坷，却始终“我愿逆流而上”，内心始终勃发着一股浩然之气，崇尚正义，追求光明，在短暂的一生中，慨然以天下为己任，上下求索，无怨无悔，始终坚定自己崇高的政治信仰，为了救国救民宁愿慷慨赴死，牺牲自己的一切……

如果按一种功利主义的世俗眼光来看，无论是瞿秋白，还是李大钊、陈独秀、彭湃，抑或毛泽东、周恩来，等等，都是一些彻头彻尾的“傻子”。当年，他们可都是一些青年才俊，如果只是为了个人的前程，他们完全可以凭他们的家庭背景和个人出类拔萃的才华谋一份好工作，拿一份还很可观的薪水，过一种富裕且安逸的生活，事实上，他们这些人在当时几乎都已跻身所谓的“上流社会”……然而，荣华富贵、高官厚禄、锦绣前程，这些自古以来很多人孜孜以求的梦想，当年，却被像瞿秋白这样虽然年轻但已找到了马克思主义信仰真谛的革命者弃之如敝屣。

回望20世纪上半叶的中国，信仰共产主义并投身其社会实践，是一种艰苦卓绝、出生入死的抉择。但是，令人惊讶也令人感动的是，像瞿秋白那样，竟然有那么多中国最优秀的知识分子为了民族独立和人民解放甘愿毁家纾难，毅然作出了这一抉择。“苟利国家生死以，岂因祸福避趋之?”应该说，当年那些建党时期的中国共产党人令人可钦可佩、可歌可泣的地方就在于，他们自始至终都不是一个“精致的利己主义者”，他们的灵魂中甚至找不出一星半点儿的自私！

的确，在那样一个风雨如磐的年代，这些中国共产党的先行者，如果他们的内心多少有一点点自私，有一点点自利；如果他们的内心多少有一丝丝胆怯，有一丝丝畏惧；如果他们不是因为对党那么热爱，对自己的信仰那么忠诚，那么，他们很可能就不会也不敢冒着被杀头的危险铁了心地去革命。

“飞蛾投火，非死不止”——这是瞿秋白赠给丁玲的劝勉之语，但又何尝不是他一生的自我写照？秋白的一生是不幸的，其短暂的一生竟然经历了家庭破败、母亲自杀、身患肺病、中学辍学、前妻早逝、屡遭打击等，那么多的灾难，但仔细想想，他却又非常非常幸运。试想，如果他一生中只关注“小我”，而不去关注“大我”，那么，可以肯定的是，在时间的长河中，他一定早已湮没无闻。但正是因为他坚定地信仰马克思主义，坚定地相信“英特纳雄耐尔，就一定要实现”，并始终执着一念地寻找信仰、践行信仰，并不惜为了忠于自己的信仰献出了自己年轻的宝贵的生命。所以，他的形象才会如此伟岸，他的一生才会变得那么有意义、那么有价值，而他，也才会名垂青史，流芳百世。

“生如夏花之绚烂，死如秋叶之静美”，如果用这句充满诗意的话来形容瞿秋白短暂而美丽的一生，实在是再恰切不过。

01

少年识尽愁滋味

都说，小小少年，没有烦恼；都说，少年不识愁滋味。可是，少年时的瞿秋白却有着许多烦恼，才十几岁，就“识”尽了人生的许多“愁滋味”。

那是 1899 年 1 月 29 日，瞿秋白诞生在江苏省常州府阳湖县（后并入武进县，今属常州市）一个日渐没落的书香官宦世家，因为头顶上长了两个旋（俗称双顶），所以父母亲就给他取了个乳名叫阿双，上小学、中学时学名就叫瞿双，后来，改名为瞿爽，或作瞿霜，同时又改号秋白。

出生在这样一个时代、这样一个家庭，对瞿秋白来说，从他出生时也许就意味着某种不幸，或者说笼罩上了一层不幸的阴影。

当年，瞿家虽说是一个大家族，是一个书香门第、官宦世家，家族中历代都不乏有人做官，而且有人官还做得很大。但是，瞿秋白的祖父和父亲并不发达，特别是他的父亲，可谓非常落魄，非常潦倒，倘若用世俗的眼光来看，简直就是一个没用的男人。

确实，瞿秋白之所以“识尽愁滋味”乃至遭受家破人亡的家庭悲剧，应该说与他的父亲瞿世玮有着很大的关系。

瞿世玮在他这一辈堂兄弟中排行老七，家族中人都称他为七少爷，外面人则称他为瞿七爷。也许是富贵多纨绔吧，别看外表长得俊秀儒雅，很有风度，但瞿世玮从小到大养成了好逸恶劳、游手好闲的坏毛病，而且是个彻头彻尾的“宅男”，一年四季、一天到晚只知道闷着头在家里画画山水，看看医书，然后就是参禅悟道，经常闭上双眼，在木椅上盘起双腿，一动不动地打坐禅定。

按说，男大当婚，女大当嫁，身为男人，既然娶妻生子，就要挣钱养家，理所当然地承担起家庭的生活重担。可是，这瞿世玮倒好，即使是长大后娶妻生子，而且陆陆续续生下了瞿秋白等兄妹 8

人，这么大的一个家每天要吃要喝，开销很大，在这种情形下，他居然一如既往，“痴心不改”，既没本事外出做官，又不愿出去找份差事多少挣点钱养家糊口，而是心安理得，依旧成天“宅”在家里读书画画，参禅打坐。

一个男人，不痴不呆，不聋不哑，怎么能活成这样？怎么好意思活成这样？

对此，一般的传记包括瞿秋白的文章都竭力“为长者讳”。但是，“民国时的《国闻周报》登载过一篇署名李克长的文章《瞿秋白访问记》，上面说，瞿秋白的祖辈原本是鼎盛官宦之家，清末家道中衰。父亲身为雅士，却‘近于纨绔，吸食鸦片，不事生产’。”

由此可以想见，瞿秋白的父亲是怎样的一个人。这样的人，无论在家庭在社会，都不仅是一个“多余的人”，而且几乎就是一个“废人”。

有句老话说得好，“男人无能家要败”。摊上这么一个父亲，也就不难理解，少儿时的瞿秋白之所以会长期在压抑、郁闷的环境中度过，之所以会“小小少年”却有着那么多的烦恼，竟然尝到了那么多人世间的辛酸，遭遇那么多世人的冷眼，识尽那么多“愁滋味”了！

不过，与父亲瞿世玮截然不同，瞿秋白的母亲却秀外慧中，聪明伶俐，是一个典型的贤妻良母。

瞿秋白的母亲姓金，名璇，字衡玉，1875 年 9 月 27 日生于一个书香世家。她才貌出众，自幼受过良好的教育，未出嫁时就会作诗填词，写信作文，且写得一手工整娟秀的小楷。23 岁时，她嫁到瞿家，因为丈夫几乎不过问家事，因而，她平时上要侍奉婆婆，下要教育孩子，一大家子的生活重担几乎全落在了她一人身上。金璇心地善良，性情温和，人又勤快能干，且以助人为乐。

但一个女人，即便再怎么能干，又能怎样呢？因为金璇只是主内，并不承担挣钱养家的责任，所以，对改善整个家庭的经济状况几乎无能为力。好在瞿秋白一家曾经先后得到了他的叔祖父、大伯父和大姑母的热心扶持和帮助。

瞿秋白的叔祖父——也就是瞿秋白祖父瞿廷仪（字贞甫）的弟弟瞿廷韶（字赓甫），从同治庚午（1870）起，就历任宜昌知府、湖北按察使、布政使。布政使可以说是一个很大的官了，大约相当于现在的副省长，瞿廷韶曾被赏头品顶戴，入都陛见，召对3次，与当时的湖广总督张之洞私交很深，可谓仕途得意，官运亨通。

1903年，瞿赓甫在湖北布政使任上病故后，从此家道衰落，无法再供养瞿秋白一家，这时，瞿秋白的大伯父——曾在江浙一带历任知县、知事的瞿世琥又为自己不中用的弟弟瞿世玮，也即瞿秋白的父亲担起了养活全家的重担。当时，瞿世琥以赡养母亲的名义每月给瞿秋白家寄50元大洋，这在很长一段时间成了瞿秋白一家的主要经济来源。

所以，瞿秋白在《多余的话》中回忆儿时的生活时说："我家的田地房屋虽然几十年前就已经完全卖尽，而我小时候，却靠着叔祖伯父的官俸过了好几年十足的少爷生活。"

但是，这种在经济上毫无自己的根基、长期完全依赖别人的无本之花、无源之水是不可能持久的。

因为瞿秋白的父亲既不做官，又不事生产，经济上无一丝一毫的收入，家中生活完全靠亲戚接济，所以，瞿秋白一家竟然没有属于自己的半间房产。

瞿秋白诞生于常州府的青果巷八桂堂。这八桂堂虽说是一栋豪宅，但这座豪宅连一块砖一片瓦都不是他家的，而是秋白的叔祖父瞿赓甫当年在湖北当布政使辅佐张之洞办理新政时在老家常州购置的。当时，宦财丰厚的瞿赓甫在购得八桂堂后，又对其进行改造扩建，重新装修，以备他告老还乡颐养天年之用。

八桂堂建成后，当时瞿赓甫因在湖北当官，其家眷也都跟着他住在湖北，偌大的豪宅不好长年空着，于是，瞿赓甫便让自己的侄子瞿世玮一家住在八桂堂，代为看管料理。

瞿秋白 4 岁那一年，他的叔祖父瞿赓甫忽然因病去世，一家人扶灵回到老家常州。八桂堂物归原主，瞿秋白一家再住在那里已很不方便，于是，瞿秋白的父亲瞿世玮只好带着自己的母亲和妻儿，离开八桂堂暂住乌衣桥，同年冬天，又从乌衣桥搬到了西门织机坊星聚堂。

星聚堂原是瞿世玮的外祖母家。瞿世玮的外

祖父庄士全，举人出身，在直隶当过几年县知事。世玮的父亲去世后，母亲曾带着他在星聚堂住过多年，婚后他们才搬到八桂堂。如今，他们又重新搬回到了这里。

星聚堂也是一个大宅，是典型的明代建筑。门口有一对石狮子“镇宅”。从大门到后宅的九皋楼共有五进房屋。九皋楼是座转楼，上下共 10 间，中间 6 间为正楼，两旁的称作厢楼。瞿秋白一家搬到这里，租住在星聚堂最后面的九皋楼正楼的底层，每月的租金是 7 块大洋。

从八桂堂到星聚堂，换了一个新的环境，刚开始，小秋白很有些不适应。但很快，他便喜爱上了这个新的地方，犹如鲁迅喜爱上了百草园。

1904 年，5 岁的瞿秋白被父母送进舅父庄怡亭坐馆的庄氏塾馆里发蒙，正式开始了他的读书生涯。

其实，在此之前，母亲金璇早已对小秋白进行了“学前教育”。尽管因为丈夫的不争气以及家庭经济的拮据时常让一向心气很高的金璇心头沉痛，但对于长子秋白的教育，她却一直不敢放松，只要一有空，她就把秋白叫到跟前，先是教他识字，或是背诵古典诗词，然后，便给他讲匡衡凿壁偷光、勾践卧薪尝胆以及木兰从军、岳母刺字等故事。所以，入塾的第一天，舅父庄怡亭就发现瞿秋白在一同读书的八九个孩子中颇有些鹤立鸡群，书上的生字一教就会，有的还没有教，他就已经会了。所以，开馆的第一天，先生庄怡亭就在纸上给瞿秋白写了 8 个字的评语：聪明伶俐，青云直上。

“妈妈，妈妈，今天先生夸奖我了！”晚上回到家里，小秋白高兴地告诉妈妈。

“双儿，先生夸奖你什么？”妈妈笑着说。

“先生夸我‘聪明伶俐，青云直上’。”小秋白晃着脑袋，奶声奶气，一字一顿地说。

“是吗？妈的好儿子！”看着小秋白聪明伶俐的样子，成天为生计烦恼忧愁的金璇这时却难得笑出声来，感到了莫大的欣慰。

在星聚堂读了 1 年多的私塾，1905 年秋天，母亲就把 6 岁的小秋白送进了冠英小学堂。

在班里，瞿秋白虽然年龄最小，在学校里却是尽人皆知的小名人。他体质虚弱，不喜欢疯跑玩闹，但学习特别用功，各科成绩均为优等，特别是作文，经常被老师拿到全班甚至全校评讲。

1909年的春天，10岁的瞿秋白从冠英小学堂初等班毕业，在家中自修。秋天跳级考入了常州府中学堂预科，第二年转入本科。他平时言语不多，也不喜欢运动，有时间就是看书。那时，“他常常身着蓝布衫，进校门时才换上校服，为此常受到富家子弟的嘲笑。他只是微露怒容，掉头而去。他不愿与富家子弟亲近，却同情被人看不起的穷校工费金生，这是受善良而富于同情心的母亲的影响，也与自己家境贫困有关。他较早地感受到旧社会的世态炎凉，愈加显得少年老成。”

常州府中学堂是在清末废科举兴新学的时代潮流中应运而生的。当时，老同盟会员、留日学生屠元博担任学校校长，时常在校内宣传孙中山先生的革命主张。在他的影响下，学校师生中有不少人思想活跃，倾向革命。在这里，瞿秋白认识了后来成为革命家的张太雷，他也是常州府中学堂的学生。两人志趣相投，经常在一起谈论国事，针砭时弊，一心想为这个多灾多难的国家做点什么。

在常州府中学堂，因为生病几次休学，再加上1911年的辛亥革命，学校因驻兵而停学，从1910年到1915年，时断时续读了5年半，瞿秋白都没能拿到中学文凭。而在这期间，他的家庭却出现了一系列变故。

那是1913年，一直为全家生计发愁的金璇因为不愿眼睁睁地看着一家老小生活无着，依赖于人，左思右想，就狠狠心“逼”着自己正值壮年的丈夫瞿世玮外出“打工”，挣钱养家，并将瘫痪在床多年的婆婆送到在杭州做官的大伯子瞿世琥家，希望以此减轻家里的经济压力。谁知婆婆不愿离开常州故土，上船离去时，大骂儿媳妇不贤不孝，瞿氏家族中也有人人前背后对金璇指指点点，颇有微词。

更让人意想不到的是，恰在这时，因为被人构陷，瞿世琥仕途生变，丢了官位，加上母亲已经来到杭州，从此他也就中断了长期以来对秋白家的接济。这使秋白家的日子更加难过起来。好在，秋白的大姑母明里暗里经常贴补娘家，时不时地给这一家人雪中送炭。

说来真是屋漏偏遭连夜雨，没多久，秋白的

大姑母突然病故。这意味着秋白一家从此失去了最后的也是唯一的生活来源。

到 1914 年，全家 8 口人的生活全靠借债来勉强维持。有时午饭只有早上吃剩下来的白粥。而且，租住星聚堂每月 7 元钱的房租也交不起了。

这种时候，没用的瞿世玮只知道发愁，却不知所措。看着丈夫一筹莫展的样子，金璇真是又气又急，心一横，对丈夫说：“房租都欠好几个月没交了，老这样也不是办法，我们只有退房。”

“那，那退了房我们一家 8 口住哪里呢？”老实没用的瞿世玮结结巴巴地说。

“住哪儿？你说还能住哪儿？”说到这里，金璇忽然泪流满面，哽咽着说，“我们只有求族里人，让我们一家搬到祠堂里去住。”

瞿氏宗祠是秋白的叔祖父瞿赓甫当年在湖北当大官时建造的，宗祠建得很宽敞。但是，旧时，穷困潦倒、无房居住的家庭，经过族人同意，可以搬到祠堂里居住，无须交纳房租。住祠堂是最不体面的事，不到家破人亡、沦为乞丐，谁也不会走这一条路。出身名门的金璇出此下策，实在是万不得已啊。

“什么？去住祠堂？”虽然没用但死要面子的瞿世玮摇着头说，“我想，就让阿双不上学了，省下来的学费，就可以交房租了。”

“亏你想得出来，竟要让儿子停学？”金璇生了气，用不容商量的口气说，“不行，无论如何不能让阿双停学！宁可我们住露天，受人冷眼，阿双的学也要上下去。”

就这样，这年的冬天，冰天雪地，寒风刺骨，许多人都待在家里，可是，秋白一家人却背着大包小包地忙着搬家。在族人既惊讶又鄙夷的目光中，一家人狼狈不堪地搬进了瞿氏祠堂。

秋白一家住进祠堂后，许多亲友从此就和他们断绝了来往。在一些人的眼里，到一个居住在祠堂里的人家去做客，是有失身份，也会沾染上晦气的。

当时，早已懂事的瞿秋白的心情沉甸甸的，他从母亲的神态中读出了痛苦、无奈甚至绝望，从族人、亲戚的白眼中读出了怜悯、嫌弃与鄙视，这让他更加深切地尝到了人间的艰辛、酸痛、势利、冷漠与世态炎凉。

但是，尽管住进了不交租金的祠堂，因为没有收入，家里的日子还是日益艰难。后来，瞿家已经到了揭不开锅的地步，只得靠借债或典当字画、首饰和旧衣物过日子。

1915 年夏，瞿家已是债台高筑，每天前来要债的人几乎踏破门槛。没办法，秋白的几个弟弟妹妹只好失学在家。大妹妹住到外祖母家去了，弟弟白云入嗣六伯父，跟六伯父住了。即便这样，家中依然吃了上顿没下顿，无法生活。

这年的秋天，秋白马上要开学了，可是，一大笔学费到哪里去弄呢？所有的亲戚朋友都已借遍，家里东西也典当一空，实在没有办法可想了。

这种时候，母亲只有忍痛作出决定，将秋白的学停掉。这年，瞿秋白已在常州府中学堂读到最后一年，很快就要毕业了。

开学的日子到了，秋白倚门而立，看着同学们欢欢喜喜地背着书包上学，禁不住黯然神伤，伤心落泪。

母亲看在眼里，如同万箭穿心。秋白的辍学

对她来说无疑是莫大打击，她曾指望秋白能受到良好的教育，将来能出人头地，光宗耀祖，可现在她又有什么办法呢?

那天，秋白的三弟病了，连续发着高烧，而家里根本没有钱给他请医生看病，一周后，瞿秋白永远失去了弟弟。

弟弟去世后，秋白看到母亲经常以泪洗面。那天晚上，她坐在小小的油灯前，叹息着对瞿秋白说："我只有一死，你的弟弟妹妹们才可能会有条生路。"

当时，秋白以为母亲只是在说气话，并没在意，不承想，没多长时间母亲竟真的自杀了!

那年的冬天，债主们几乎整天都蜂拥到瞿氏祠堂来找母亲逼债，母亲强颜欢笑，尽力应付着，乞求债主们尽量再宽限些日子，说自己的丈夫外出做事，挣了钱过年回来就还给大家。可是，等到腊月二十四，丈夫瞿世玮从湖北"打工"回来了。不知道是他在外面压根儿就没挣到钱，还是挣了钱被他抽鸦片抽掉了，反正，这个没用的男人竟然两手空空地回来了，一回来就钻进书房，若无其事地看他的医书，闭目打坐……

如此一来，金璇彻底失望了，也失去了再继续活着的信心和勇气。于是，1916 年春节，她支开瞿秋白，让他到无锡去找工作，正月初五的深夜，在家吞火柴头自杀了。

得知母亲自杀的消息，瞿秋白悲痛欲绝。回到家里，他以头撞床，几乎哭得昏死过去。那声声叫娘声，叫得前来忙丧事的人无不伤心落泪。

母亲就像家中的一棵大树，大树倒了，这个家也就倒了。

母亲死后，“从此，‘一家星散、东漂西零’：父亲瞿世玮远走济南，秋白和弟妹分赴杭州、武昌、北京，寄居愿意接济的亲戚家，依人为生”。

02 时代决定命运

就在母亲自杀的那年春节，瞿秋白通过亲戚介绍，在无锡南门外江陂一所名叫杨氏小学的乡村小学找到了一个教职，担任小学教师，每月薪水10元。

对这样一个职位，瞿秋白内心其实并不感兴趣，但为了能减轻家庭负担，他还是立即就答应了。正当他想回家把这一消息告诉母亲时，谁知母亲竟含恨自尽，离开人世了。

“存者且偷生，死者长已矣！”母亲死了，但自己的生活还要进行下去。于是，在忙完母亲的丧事后，瞿秋白戴着孝，又来到无锡，开始了他的教师生涯。

小学校的生活单调而寂寞。学校只开设国文等不多的几门课，而且教师很少。国文老师是一个迂腐、古板的老夫子，整天不说一句话。学生也只有几十个人，编成复式班上课。

一开始，瞿秋白尽量忍受着，这期间他的生活非常清苦。10元大洋的薪金本就不多，除了添置日用必需品和书籍，他还需把一部分钱拿来资助弟妹们，所以，平时只好省吃俭用。

但是，让他难以忍受的是，小学校设在祠堂里，教室四周摆放着供案和牌位。这让瞿秋白每天上课都会情不自禁地想起自己家住的瞿氏祠堂，想起被穷困逼死的母亲，因而心里特别难受。

更让他无法忍受的是，当时，乡间很不太平，有时大白天就会发生抢劫案，瞿秋白经常听到当地农民哭诉自己被肆意欺压的遭遇。即使是所谓比较清高的教育界，事实上也是贪腐丛生。凡此种种，都让瞿秋白深感义愤、困惑和苦闷。正是在“现实的政治恶象的激刺”之下，对于人生、对于社会，对于人与人之间的关系，瞿秋白产生了许多疑问。他想，辛亥革命后，当人们看到象征着五族共和的民国五色旗飘扬在晴空之下时，曾经是多么高兴啊！可是现在，严酷的社会现实同人们原来对

"中华民国"的憧憬，差得是那么远！

1916年清明节，他由无锡回到常州去祭拜母亲，儿时的好伙伴羊牧之来看他，瞿秋白悲伤地吟诵了一首《哭母》诗，然后禁不住无限感慨地说："我们原来天天盼望孙中山，可是革命胜利了，老百姓的生活还是好不了。我们还有点粥吃，乡下还不知有多少家连粥都吃不上哩。"随后，他又说："母亲自杀后，我从现实生活中悟出一条真理，当今社会问题的核心，是贫富不均。自古以来，从冲天大将军黄巢到天王洪秀全，做的都是'铲不均'。孙中山提出的'天下为公'，也是为了平不均。可见改革当今社会，必须从'均'字着手。"

说来，19世纪末20世纪初的中国真是处于历史的大变局之中。就在这一年，窃取了"民国大总统"职位后仍嫌不足的袁世凯上演了一出复辟当皇帝的闹剧，最后在全国人民的反抗与怒骂声中被迫取消帝制并一命呜呼。

当时，瞿秋白虽然人在无锡乡下教书，却始终忧国忧民，关心国事。当袁世凯病死北京的消息传到无锡，他闻之欢喜雀跃，拍手称快：“这是窃国大盗应有的下场！”

这种时候，瞿秋白非常向往全国轰轰烈烈的革命运动，小小的无锡乡下的杨氏小学已安顿不下他那颗躁动的心。

于是，在教了一个学期书后，这年的暑假，瞿秋白便辞职回到了常州。此时，瞿氏祠堂的“家”早已名存实亡，空无一人，只有母亲的灵柩因无钱下葬暂且安放在那里。

回到“家”中，瞿秋白住在祠堂里为母亲守孝，因为无钱买米，每天只好煮又苦又涩的蚕豆叶吃。在此期间，他给远在武汉的堂兄瞿纯白写信，说自己想在武汉找份工作，然后继续读书。

瞿纯白比秋白大 10 岁，是京师大学堂法文系毕业生，曾在上海南洋大学、北京民国大学等学校教过书，现在北洋政府交通部下面的京汉铁路局任翻译。纯白很快给秋白回信，让他尽快来武汉，说要为他找一所学校。

在焦急的等待中收到堂兄的回信后，当时几乎已陷入绝望的瞿秋白顿时喜出望外，很快带着几件简单的行李，从长江逆流而上，急匆匆地来到华中重镇武汉。

在汉口码头，纯白一见到秋白真是又高兴又难过。高兴的是一别多年他终于又见到了自己的堂弟。秋白从小性格温和，乖巧伶俐，纯白一直都很喜欢这个模样斯文的堂弟。难过的是，他看到时年才 17 岁的秋白竟然瘦弱不堪、一脸病容。于是，他便关切地问道："秋白，你怎么这么瘦，是不是身体有病？我记得你小时候长得要胖一些。"

"我还好，只是经常感冒，有时候有些低烧。可能饭量不大，所以人也就长不胖了。"秋白不以为意，淡淡一笑回答道。

其实，秋白患的是肺病。如果早一点发现，早一点治疗，也许很快就会治愈。但就因为手头拮据，没钱去医院看病，把自己的病给耽误了。

在纯白的帮助下，瞿秋白很快就考取了武昌外国语专科学校英语专业。虽然有了学上，生活却无着落。他想一边读书，一边打份工好养活自己，可是很难如愿。而且，当时的武昌外国语专科学校条件很差，教学质量不高，瞿秋白觉得在这里读书根本学不到什么，只会白白浪费光阴。于是，在征得堂兄纯白同意后，他便退学去了黄陂，想去找姑父周福孙帮自己找份工作，但是，很遗憾，“饭碗问题”依旧未能解决。

在黄陂姑母阿多的家中待了3个多月，因为终日无所事事，且依旧看不到前途，秋白很苦闷。这期间，他经常没日没夜地看《老子》《庄子》，有时也读一些佛教的书籍，用心研讨佛学，试图用佛学来解答人生和社会问题。然而，面对人生的烦恼、社会的苦难，佛学只能勉强给人一些心理上的安慰和解脱，根本解决不了一丝一毫的实际问题。

1917年暮春时节，秋白决计离开黄陂，谋求新的出路。正好，堂兄瞿纯白这时被调到北洋政府外交部条约司任职，他问秋白是否愿意和他一起去北京寻找机会。秋白当然求之不得，于是很愉快地答应了，拎着那只小箱子，跟着堂兄到北京做了“北漂”。

在北京，住在纯白家中，秋白先刻苦用功想去报考北京大学，但是一打听，北京大学的学膳费高得惊人，纯白一时拿不出这么多的钱供秋白读书，于是，纯白便建议秋白参加一年一度的文官考试，先找份工作，以后有机会再去读书深造。

但遗憾的是，秋白参加文官考试没被录取。

现在想想，这其实也是一件好事。如果当时瞿秋白考上了，他就会成为北洋政府的一名“小公务员”，从此在“机关”按部就班小心谨慎地工作着，也许走的就是另外一条人生道路。

1917年9月，外交部办的俄文专修馆在北京招生，学费和食宿费全免。瞿秋白听说后喜出望外，当即报名应试。这次，他考上了，而且名列前茅。

对这样一次得来不易的学习机会，秋白自然格外珍惜，因此学习非常用功。据同学沈颖后来回忆说：“秋白在校每考必列第一或第二名。彼时俄文专修馆每星期日上午有文课，全体学生一律参加，秋白的中文程度很好，所作文课几乎每次均油印传观，以至名遍校内，无人不知！”

但是，平时多愁善感喜欢忧国忧民的瞿秋白并没有因此感到高兴和满足。随着知识的不断增加，以及在北京耳闻目睹的事情太多，他的思想和内心越发处于一种痛苦、愤懑、困惑与彷徨之中。少年时代那些长期萦绕他头脑中的问题此时依然纠缠着他，让他始终找不到答案。“为什么有钱人衣来伸手、饭来张口，生活越来越富有？为什么穷人累死累活，生活却越来越穷困？难道这一切都是命中注定的吗？难道自己的母亲自杀，也是命中注定的吗？”

就这样，他一方面痛恨社会的黑暗，却又找不到解救的良方。他立志要铲平人间的不平之事，拯救那些穷苦的人民，却又自觉无能为力，不知道应该从哪里下手，于是长期陷于一种苦闷与彷徨的境地。

就在这时，五四运动爆发了，犹如电光石火一般，一下子照亮了瞿秋白眼前的道路。于是，不假思索，他便义无反顾地投身这一大革命的洪流。

都说性格决定命运。其实，决定命运的，还有时代。

那是 1919 年 1 月 18 日，第一次世界大战获胜的 27 个协约国在巴黎凡尔赛宫召开和平会议。中国作为战胜国之一，派出了陆征祥、顾维钧等 5

位代表参加会议。巴黎和会不顾“战胜国”中国理所当然提出的维护国家领土主权的3项提案，竟然背信弃义，把德国在青岛及山东的特权全部转让给日本。

5月3日，中国外交失败的消息在报上发表，全国人民群情激昂。人们的悲愤再也不能抑制下去，一场声势浩大、波澜壮阔的爱国运动终于不可遏止地爆发了。晚上，北大法科大礼堂挤满了北京大学、北京高等师范学校（现北京师范大学）、法政专门学校、高等工业学校等学校的学生代表。会场上，大家一致商定：第二日齐集天安门示威；联合各界一致力争；通电巴黎专使，坚决不在“和约”上签字。

瞿秋白作为俄文专修馆的学生代表，也参加了这次会议。会议一散，他就急忙赶回学校，布置学生参加第二天的游行示威。

5月4日，星期天下午，北京十几所学校的3000多名学生在烈日炎炎下从四面八方汇集到天安门广场，举行了声势浩大的示威游行。

瞿秋白一改往日沉默寡言、文弱书生的模

样，也情绪激昂地加入游行示威的行列，与大家一起高呼“还我青岛！”“保我主权！”“中国存亡，就在此一举了！”“打倒卖国贼！”“团结起来，反对列强！”等爱国口号，后来，又跟随游行队伍向东交民巷外国使馆区进发。

因为五四那天游行示威太累，本就身体虚弱的瞿秋白晚上回到家里竟口吐鲜血，瘫倒在床上。但第二天，他还是强撑着，又组织领导俄专的学生进行罢课，抗议北洋政府对学生运动的镇压。

5月6日，瞿秋白作为俄专推荐的学生代表，出席了北京学生联合会成立大会。大会通过了学生联合会的组织大纲，瞿秋白被选为“学联”评议部的议员。

那段时间，作为北京“学联”评议部的议员，瞿秋白几乎每天都忙得焦头烂额。在大家的印象中，“瞿秋白被认为少年老成，对许多问题看得比较远，比较深刻，还显示出策划、组织和宣传能力”。

据当时也是北京“学联”成员、后来成为著名作家的郑振铎回忆说："秋白在我们之中成为主要的'谋主'，在学生会方面也以他的出众的辩才，起了很大的作用，使我们的活动，正确而富有灵活性，显出他的领导天才，越到后来，我们的活动越困难，北大、高师都无法开会了，只好到东城根的'汇文'去开。开的时候，老在夜间。悄悄地个别地溜进来开会。散了会之后，也一个个地悄悄地溜出去。"

6月3日，按照北京"学联"的统一安排，瞿秋白带领俄专、汇文、铁路学院3所学校的学生上街，开展演讲活动。

瞿秋白的演讲声情并茂，很具有鼓动性，站在大太阳下，他慷慨陈词："同胞们，如果再这样下去，中国就要亡国了。中国的土地可以征服，但不可断送！中国人民可以杀戮，但绝不可以低头！"

就在这次演讲中，瞿秋白被捕了，被当局关在北大教室的临时监狱，3天后被释放。这是瞿秋白第二次被捕。由于劳碌过度，再加上监狱中的恶劣条件，他出狱之后，竟至吐血，病了几个月。表姐夫秦耐铭写信慰问他，他在复信中说："干了这

不當亡國奴

平生痛快事，区区吐血，算什么一回事！”

五四运动的革命洗礼，使瞿秋白的世界观由避世、厌世转而倾向马克思主义。五四运动后，他与郑振铎等进步青年创办《新社会》和《人道》杂志，参加李大钊组织的马克思主义学说研究会，写出了第一批醒世救国的论文，批判旧社会，呼唤国人觉醒，投入反帝、反封建、创建新社会的革命斗争之中。

这一年，瞿秋白虽然只有 20 岁，但经历了家庭磨难和时代风雨的吹打，已经逐渐变得成熟而坚强，在 20 世纪初乌云密布的中国上空，犹如一只无惧狂风骤雨展翅翱翔搏击长空的雄鹰。

03 “新时代”的活泼稚儿

辛亥革命推翻几千年的君主专制制度后，中国的许多知识分子都虔诚地认为，只要学习西方，走资本主义的道路，中国从此就会走上一条充满光明和希望的康庄大道。

但是，第一次世界大战把资本主义制度“与生俱来”的矛盾以极其尖锐的形式暴露出来。战争的空前残酷、战后社会的极度混乱，使世人为之震惊，产生了对西方文明价值的怀疑。人们第一次从世界范围感觉到资本主义制度已丧失光明的前途、失去了原有的吸引力。在《欧洲心影录》中，梁启超指出，在西方世界许多人都感到“西方文明已经破产了”。“全社会人心都陷入怀疑、沉闷、畏惧之中，好像失了罗针的海船遇着风遇着雾，不知前途怎生是好。”李大钊也认为：“此次战争，使欧洲文明之权威大生疑念。欧人自己亦对于其文明之真价，不得不加以反省。”

而辛亥革命后产生的所谓“中华民国”一味地效仿西方、学习西方资本主义的努力屡遭失败的事实，可谓“现身说法”，更使许多中国的优秀分子对资本主义建国方案的可行性产生了极大的怀疑以至绝望。

1917 年，俄国的十月革命犹如一声惊雷在黑云滚滚的中国上空炸响，许多中国人都听到了这一划时代的惊雷，情不自禁地纷纷把目光转向这个原本也很黑暗落后的俄国。“既然资本主义救不了中国，那么，走‘十月革命’后列宁所领导的俄国人所走的道路，能够救中国吗？”

当时，包括瞿秋白在内，中国的许多优秀知识分子都对“列宁”“布尔什维克党”“劳农新政府”等屡见报端的新名词充满了好奇，充满了羡慕，当然也充满了疑惑，并急于想知道个究竟。

正是在这样一种历史背景下，1920 年秋天，瞿秋白从北京《晨报》上看到一则启事，具有进步思想倾向的北京《晨报》和上海《时事新报》联合招聘3位懂俄语的记者赴苏俄考察。一直觉得“百闻不如一见”，很想到苏俄看个究竟的瞿秋白迫不及待，立即就报名了。

在俄文专修馆，瞿秋白学的就是俄语，而且一直成绩优异，加上他的文学水平很高，写文章是他的强项，所以很快就被录取了。

听说秋白要去当驻俄特派记者，堂兄纯白出于好心，表示反对。他劝秋白说：“听说俄国革命，弄得人连饭也没有吃的，生活非常艰苦。再说去俄国路途遥远，那里气候寒冷，你的身体也不好，无法适应那里的生活，还是在俄专好好把书念完再作考虑。你还有几个月就要毕业了，毕业后找一份好的工作，成家立业。生活对于你来说，会是美好的。你如去俄国，将是自趋绝地。”

其他一些亲戚朋友也有人劝他“三思后行”。可是，秋白去意已决。他决心要“拨开重障”，“为大家辟一条光明的路”。强烈的使命感和有志于救国救民的愿望驱使着他“向着红光里去”。后来他回忆说："我却不是为生乃是为死而走，论点根本不同，也就不肯屈从。"

1920 年 10 月 16 日，瞿秋白告别送行的亲朋好友，登上火车，经过 3 个月的艰辛，于 1921 年 1 月 25 日到达莫斯科。为了便于工作，他给自己取了一个俄文名字"维克多尔·斯特拉霍夫"（战胜恐惧、克服困难之意）。

十月革命后的苏俄，在经历帝国主义武装干涉和国内战争的浩劫之后，处于十分艰难的境地。据当时赴俄留学的萧劲光回忆说："苏俄战争的创伤历历在目。工厂、矿山遭到严重破坏停产了，农村遭受兵祸，被洗劫一空，天灾人祸，粮食歉收，人民贫穷不堪，各种物资极其缺乏。到处都是弹痕累累，道路桥梁被破坏得不像样子，全俄处于普遍饥荒之中，每天都有人饿死在路旁。"

瞿秋白等人到苏俄不久，苏俄政府开始改变战时共产主义政策，实行新经济政策，经济形势逐渐好转。

作为一名驻俄特派记者，从 1920 年 10 月到 1922 年 8 月，在苏俄两年时间里，除了 1922

年春因肺病吐血在高山疗养院疗养的1个多月不得不休养外，瞿秋白作了大量考察、采访，先后撰写了《共产主义人间化》《苏维埃俄罗斯经济问题》等五六十篇通讯。除了留下大量反映新俄国的时政要闻、经济、文化、社会建设、军事、制度等方面的通讯报道外，他还以优美的文笔、独特的视角和真挚的情感创作出版了两本当时畅销全国的著名小册子:《俄乡纪程》和《赤都心史》。“这两本书既是瞿秋白闯入五四运动后中国文坛并得以在其中立足以至产生重大影响的文学精品，同时也是瞿秋白与莫斯科政治情缘缘起缘兴的文字见证。”

这些凝聚着瞿秋白大量心血的新闻与文学作品，以自己的亲见亲闻，客观介绍俄国十月革命后苏俄的真实情况，告诉中国人民，十月革命是“二十世纪历史事业之第一步”，莫斯科已成为全世界无产阶级“心海中的灯塔”。

如果说，刚开始，瞿秋白完全是以一个驻俄特派记者的眼光和思想报道在苏俄所见所闻、所思所想的，而他的出色表现也完全证明了他的确是一个非常称职的优秀的记者，但是，随着赴俄考察实践的深入，以及在大量阅读马克思和列宁的经典著作之后，年轻的瞿秋白很快便从一名单纯的“记者”实现了向一名马克思主义者的转变。

1921年5月，张太雷来到莫斯科，代表中国共产党参加共产国际“三大”的筹备。没想到会在异国他乡忽然见到自己儿时的同窗好友，这使瞿秋白异常高兴。

看到秋白，张太雷也欣喜异常。这位年轻的革命家紧紧握着瞿秋白的手说：“我终于来到了赤都莫斯科，实现了我们当初的约定。”

1921年5月，在莫斯科经张太雷介绍，思想上其实早已入党的瞿秋白加入联共（布）党组织。1922年2月，转为中国共产党党员。

从此，他的身份已不仅仅是《晨报》的特派记者，而且也是一名光荣的共产党员了。

瞿秋白并不是天生的马克思主义者，但是，在苏俄的两年多时间里，他迅速转变成为一名有着坚定政治信仰的马克思主义者。之所以会发生这样大的转变，最关键的就是当年的莫斯科完全就是一座大的“革命的熔炉”，它让许多来自世界各地的无产者在这里都百炼成钢。

在《赤都心史》中一篇题为《“我”》的短文中，瞿秋白这样自谦却又非常自豪地吐露自己的心声：

“我”不是旧时之孝子顺孙，而是“新时代”的活泼稚儿。

固然不错，我自然只能当一很小很小无足重轻的小卒，然而始终是积极的奋斗者。

我自是小卒，我却编入世界的文化运动先锋队里，他将开全人类文化的新道路。

在那些日子里，就是这“新时代”的活泼稚儿总是不辞辛劳、忘我工作，每天都在不停地奔波，不停地采访、写作、发稿。从莫斯科到彼得堡，他采访的人物有领袖、教授、诗人、教育家，有老妪、幼童，三教九流，各式人等。这其中，有克鲁泡特金的遗孀，有托尔斯泰的孙女苏菲亚，有著名诗人马雅可夫斯基。

在彼得堡采访的3天，瞿秋白一行顺便去了芬兰湾头——俄罗斯的北方出海口。在出海口处，屹立着一尊彼得大帝的铜像。彼得大帝的目光远眺着大海，一只手指向远方，似乎在向人们解说着自己称霸世界的雄心。

站在彼得大帝铜像前，瞿秋白沉思良久，由彼得大帝的一生联想到自己的祖国，禁不住对这次与自己一同特派到俄国的两位同行俞颂华和李宗武感慨道："彼得大帝虽然是一个封建帝王，但他推动俄国社会的进步是有贡献的。我们也应该树立改造社会、强盛国家的雄心壮志，干一番轰轰烈烈的大事业！"

不过，最让这位"新时代"的活泼稚儿激动且难以忘怀的还是先后两次见到列宁时的情景。

第一次见到列宁，是在1921年6月28日晚。当时，共产国际第三次代表大会在克里姆林宫召开。列宁参加这次会议，并作了讲话。瞿秋白以中国记者身份参加，目睹了这次盛会。在《列宁托洛茨基》一文中，他兴奋地向中国读者最早描述了"世界无产阶级革命领袖"列宁的形象。

列宁出席发言三四次，德、法语非常流利，谈吐沉着果断，演说时绝没有大学教授的态度，而是一种诚挚果毅的政治家姿态流露于自然之中。

安德莱厅每逢列宁演说，台前拥挤不堪，椅上，桌上都站堆着人山。电气照相灯开时，列宁伟大的头影投射在共产国际“各地无产阶级联合起来”，俄罗斯社会主义联邦苏维埃共和国等标语题词上，又衬着红绫奇画，——另成一新奇的感想，特异的象征。列宁的演说，篇末数字往往为霹雳的鼓掌声所吞没。

会间休息时，瞿秋白在走廊上遇见了列宁。看到这位举世景仰的革命伟人，瞿秋白抑制不住自己的兴奋。可惜列宁实在太忙，他亲切地指给瞿秋白几篇有关东方问题的材料，简略地谈了几句话，便分别了。

虽然只是简短而匆匆的会面，却使瞿秋白心里异常激动，他说：“政治生活的莫斯科这次才第一次与我以一深切的感想呵。”会间，瞿秋白也见到了托洛茨基，并谈了话。

瞿秋白第二次见到列宁，是在十月革命四周年纪念活动上。11 月 7 日的晚上，莫斯科第三电力劳工厂工人庆祝十月革命胜利四周年，列宁亲临会场并发表演说。第二天，瞿秋白写了《赤色十月》一文。文中写道：

集会的人，看来人人都异常兴致勃发。无意之中，忽然见列宁登上讲坛。全会场都拥挤簇动。后来突然万岁声，鼓掌声，震天动地……

工人群众的眼光，万众一心，都倾注在列宁身上。大家用心尽力听着演说，一字不肯放过。列宁说时，用极明显的比喻，证明苏维埃政府之为劳动者自己的政府，在劳工群众之心中，这层意义一天比一天增胜，一天比一天明了。

……

最后，集会在雄壮的《国际歌》声中结束。置身其中，瞿秋白也和在场的所有工人群众一样兴奋、激动，他深深感受到，在这里，有一种“伟大的力量在生长”。

两次见到列宁，成为瞿秋白革命生涯中最重要也是最难忘的事情。

回想起来，那真是一段激情燃烧的岁月，虽然身体羸弱，肺病缠身，但是，在苏俄的日子里，瞿秋白始终满怀激情，充满活力，用自己的一支生花妙笔及时地向中国的读者忠实地传达他在“饿乡”的见闻、“赤都”的感受。

对于新生的苏维埃红色政权、“劳农政府”，他既不像那些虚伪阴险的西方记者那样故意颠倒黑白、一味抹黑，也并不完全是“歌德派”，先入为主、一味高唱赞歌，而是实事求是、用事实说话。

对于新生的苏维埃“劳农政府”中存在的严重的官僚主义和腐败问题，瞿秋白毫不隐瞒，如实报道。1921 年东俄旱灾，灾区非常大，瞿秋白转述俄国中央及各省报纸上的灾区通讯：“一堆一堆饥疲不堪的老人幼童倒卧道旁，呻吟转侧”，“啮草根烂泥”，“竟有饥饿难堪的农家，宁可举室自焚”，“还有吃死人肉的呢”！这是一副惨不忍睹的景象。

仅此可见，这期间，他不是没有看到这个国

家正在经历的动荡和混乱，也不是没有发现新生体制所存在的弊端与缺陷，但他更看到了苏维埃政权为克服眼前困难所进行的艰苦努力以及所取得的显著成效，看到了革命后的“劳工复活”和文化教育科学事业的正常赓续与稳步发展。他觉得：“共产党始终是真正为全体工人阶级奋斗的党”，“共产党人的办事热心努力，其中有能力有觉悟的领袖，那种忠于所事的态度，真可佩服。”

在对苏俄做了一番全方位的考察研究之后，他高度称赞苏俄政治“不失为一种贤人政治”。他说：“实行共产主义真是伟大，而且艰巨的‘工程’。”他认为共产主义学说在苏俄的逐步实行，是人类文明发展史上一桩伟大事业，他希望“中国人亦应当用一用心”，考虑走什么样的路才能使国家强盛起来。他说，对于中国，“俄国革命史是一部很好的参考书呵”！

1922 年 11 月 5 日至 12 月 5 日，共产国际第四次代表大会先后在彼得堡和莫斯科举行，中国共产党派出由陈独秀、刘仁静等组成的代表团出席了大会。瞿秋白作为中共代表团的翻译，也参加了大会。看到瞿秋白谙熟苏俄代表，精通俄语，对自己回国以后贯彻共产国际决议很有帮助，故大会结束后，陈独秀提出请瞿秋白回国，而且连路费都为他准备好了。

经过一番思考，一心向往革命的瞿秋白跟随陈独秀踏上了回国的道路。

此时，经过两年在莫斯科这座熔炉里的锤炼，瞿秋白这位“新时代”的活泼稚儿的思想已经发生了根本改变——已由“忏悔的贵族”终于“进化”成了自觉的马克思主义者。

04 崭露头角的“东方稚儿”

瞿秋白 22 岁赴新生的苏俄考察采访，为自己取了一个新名署在文章上：“东方稚儿”。新名字包含了他对新世界的热烈向往。

1922 年年底，在跟随陈独秀回国后，这位年轻的“东方稚儿”在共产国际代表和刚刚诞生不久的中国共产党内，很快便脱颖而出，崭露头角，成为一颗众口交誉、不可或缺的“政治新星”。

那是 1923 年 1 月 13 日，瞿秋白从莫斯科回到北京，住到了堂兄瞿纯白在东城大羊尾巴胡同的新居。当他激动地迈上石头台阶，叩响门环，前来开门的纯白一看是他，又惊又喜，顿时一把将他紧紧抱住，堂嫂还有秋白的两个弟弟云白和垕白也一起跑过来拉着他的手，高兴得一时不知道说什么才好。

秋白是个闲不住的人，而且，这些年在苏俄任特派记者，在《晨报》上发的那些新闻和文学作品早已经使他在国内成了一个著名记者、社会名流。所以刚回到北京，两天后的1月15日，他就被邀请到北京高等师范礼堂演讲。原来，当天是北京马克思主义学说研究会在此纪念德国共产党创始人李卜克内西、卢森堡牺牲4周年大会，邀请名流出席并演讲。瞿秋白、李大钊、张国焘、蔡和森等人都登台演讲。瞿秋白的演讲有些与众不同，他不但讲而且唱。站在讲台上，他纵情高唱《国际歌》，让与会的人第一次听到了《国际歌》那激越雄壮的旋律。

不久，他又被邀请到北京女子高等师范学校去演讲。他的演讲激昂慷慨、热情澎湃，非常具有感染力，尤其是说到动情处，很自然地把长发往后一甩，用现在的话说，真的是帅呆了，让台下许多女学生对他留下了很深的印象，其中就有后来成为鲁迅先生夫人的许广平。

那个时候，中国共产党的干部几乎都是“地下活动”，还没有工资和补助，完全就是义务奉献。所以，辞掉《晨报》特派记者回到国内的瞿秋白必须找份工作谋生。刚开始，任职北大图书馆主任的李大钊推荐他到北大俄文系教授俄国文学史，但是，北大校方认为瞿秋白是刚从“赤都”回来的危险分子，迟迟不愿给他发聘书。堂兄纯白也在竭力为他找工作。经纯白引荐，再加上秋白自身的“知名度”，外交总长黄郛倒是很愿意聘请他到外交部工作，月薪 200 元大洋。这是一份薪水很高的差使，而且聘书都送来了。这要换成一般人，如果只是为了个人的前途，为了日后的高官厚禄，实在是求之不得的大喜事，但是，立志救国，“慨然以天下为己任”的瞿秋白想都没想就拒绝了。

“为什么？这可是别人挤破头而不可得的差使啊！”纯白大为惊讶。

瞿秋白说：“我有我的工作，我不愿意到政府机关去为那些老爷们做事。”

纯白当时惊愕得睁大了眼睛，一连好多天都想不明白自己的这位堂弟为什么连这么好的差事都断然拒绝，难道他是生活在真空中，不食人间烟火吗？

看堂兄为他惋惜、焦虑，秋白当时也不好对他说出实话，因为，他这次回国，是要听从党的安排，参加党的活动，帮助党开展工作的。果然过了一些日子，有一天晚上，北大教授李大钊来到秋白家，与秋白在卧室里闭门谈到深夜，第二天一大早，秋白就对正要一早赶去外交部上班的堂兄瞿纯白说："哥，我要到上海去，到上海去工作。"

瞿纯白顿时又是一脸的惊愕。此时，他当然不知道，二七惨案之后，北方的工人运动暂时处于低潮，中共中央领导机关决定迁回上海。身为共产党员的瞿秋白受命负责筹办大型理论刊物《新青年》季刊，并担任主编，同时筹办出版《前锋》月刊。为了工作上的方便，他接受李大钊的建议和推荐，去共产党人创办的上海大学任教。

1923 年 5 月下旬，瞿秋白赴广州参加筹备中共三大，他主编的《新青年》季刊，于三大举行期间的 6 月 15 日问世。《新青年》月刊曾是陈独秀主编的倡导新文化的著名刊物，从 1920 年 9 月出版的第 8 卷第 1 号起，成为中共中央机关刊物。瞿秋白接手主编的《新青年》季刊，无论内

苟利国家生死以岂因祸福避趋之
林则徐句
聘书

容还是形式都令人耳目一新，以新的姿态，继续宣传和研究马克思主义。征得陈独秀同意，瞿秋白将《新青年》季刊的创刊号编为“共产国际号”，写了《新青年之新宣言》，宣告该刊将“成为中国无产阶级革命的罗针”，在中国共产党中最早提出无产阶级革命领导权思想。

就在《新青年》季刊创刊号刚出版不到半个月，又一本由瞿秋白创办并主编的中共中央理论刊物《前锋》也问世了。《前锋》原定为月刊，实际上未能按期出版，而且，等到半年后第一次国共合作形成，完成使命的《前锋》只出刊3期就停刊了。

据张国焘回忆，当时，瞿秋白是“中共重要人物中唯一能公开活动的人。他以记者身份回来，共产色彩尚未表露出来”。

《新青年》和《前锋》创刊时，编辑部工作人员很少，有时只有瞿秋白一个人。他不仅要组稿编稿写稿，而且还自己担任美术设计、文字校对等工作，此外，还要经常一次次地跑印刷厂。

这期间，还在上海大学担任社会学系主任整天忙着上课处理学校事务的瞿秋白担负的任务真的很重。不知是肺病有所缓解，还是因为忙碌忘记了病痛，反正他总是无怨无悔、不辞辛劳，一直忘我地为党工作着。

就因为非常能干且肯干，瞿秋白这个活泼泼的“东方稚儿”在回到国内后很快便在中国共产党内崭露头角，赢得了党内一些领导人特别是共产国际驻中国的代表维经斯基、马林以及鲍罗廷的赏识与信任。

1923 年 3 月 9 日，在海参崴的维经斯基给在中国南方的马林写信，要求中国共产党派瞿秋白到苏联远东地区工作。他说：“绝对需要一个同志（瞿秋白）来次在苏联远东地区华工中为中国东北工作。”

但此时，马林也很需要瞿秋白在身边帮助自己工作，因此在对瞿秋白的任用上与维经斯基有不同意见。很快，维经斯基又给马林写信说：“懂俄语在中国境内是完全没有用的。因此，我现在正式提出这个问题，只要党认为有可能，就立即派瞿秋白到这里来。”

尽管这样，瞿秋白最后还是没有去海参崴

工作。

1923年6月12日至20日，中国共产党第三次代表大会在广州召开。这次大会的中心议题是讨论国共合作问题。尽管会前中共与马林在是否与国民党合作问题上取得了共识，却并没有在全体党员必须参加国民党、工人运动也在国民党领导下开展等问题上达成一致。因此，大会开幕后，代表们的争论就开始了。马林要求共产党人全部加入国民党，以国民党的名义开展一切活动，包括工人运动。陈独秀同意马林的意见，认为工人阶级目前还很弱小，不能发挥很大的作用，只有与国民党合作，将工人运动也纳入国民党的工作中，共同推动国民革命，才能壮大我们的组织。

但张国焘不同意陈独秀和马林的意见，他认为在中国开展国民运动的条件不成熟，因为英美资本的影响使中国资本家不具有民族革命的性质；发展共产党的唯一途径是独立运动，而不是在国民党内活动。

瞿秋白在会上作了长篇发言，着重批评张国焘为代表的反对国共合作的错误意见，认为这种主张看起来好像很革命，其实“动摇得很厉害”——担心我们党和无产阶级被“资产阶级民主溶化”；担心资产阶级和国民党的力量发展；认为帮助发展国民党同领导工人运动不相容——这些看法都是不正确的。

不过，他的发言既不同于那些否定国民党、反对国共合作的观点，又有别于陈独秀等少数同志片面夸大资产阶级和国民党的力量、轻视无产阶级和共产党作用的倾向，这是基于他对中国社会性质和各个阶级的正确分析。

瞿秋白的发言很有说服力，不少与会人员都点头表示赞成。此外，像李大钊、毛泽东、邓中夏等人也都发言表示支持国共合作，并阐述其理由。会议经过激烈的争论，大多数同志的意见慢慢趋于理性——赞成国共合作。

三大召开前后，瞿秋白与马林、张太雷等同住“春园”，共同为筹备三大工作。在此期间，才华横溢却又身患重病的瞿秋白夜以继日地忘我工作。不仅担任马林的翻译，而且还为大会起草党纲，并就这个党纲向大会作报告，参与党章的修正工作。同时向大会作关于共产国际四大情况的报告，积极参与大会讨论，旗帜鲜明反对错误倾向，努力促成党内策略方针实现重大转变。所有这一切，马林都一一看在眼里，并留下了非常好的印象。特别是关键时刻瞿秋白对马林的理解和支持，对共产国际理论和指示的宣传、重视和贯彻执行的积极态度赢得了马林的极高评价。

因此，1923 年 6 月 20 日，马林在给共产国际执行委员会的季诺维也夫、布哈林、拉狄克、萨法洛夫等领导人写信时对瞿秋白赞不绝口："瞿秋白曾在俄国学习两年，他是唯一真正懂得马克思主义理论的人。""瞿的确是唯一能按马克思主义的方法分析实际情况的同志。"同一天，马林在致越飞和达夫的信中也说："瞿秋白曾在俄国学习两年，他是这里最优秀的马克思主义者。"

随后，马林又在致斯大林的副手勃罗伊多的信中对瞿秋白大加称赞，认为"瞿的表现在很大程度上已显示出他是中国党最优秀的马克思主义者。是这个组织里唯一能用马克思主义分析问题并以此给中国党奠定巩固基础的人"。在信中，他十分动情地说："瞿秋白在最近这一次代表大会期间做的工作太多了……现在他已精疲力竭，在一个较长的时间内绝对不能从事繁重的工作。可惜他的健康这么糟。"

显而易见，正是由于马林对瞿秋白的良好印象与称赞，使得瞿秋白引起了共产国际的关注。

1923 年 10 月 6 日，苏联代表鲍罗廷抵达广州。10 月 18 日，孙中山任命鲍罗廷为国民党组织教练员，以借重他的组织经验，协助完成国民党的改组。

蓄着斯大林式的胡子的鲍罗廷是著名的国际革命政治活动家，那年 39 岁。来到中国后，他首先在北京约见李大钊、张国焘、何孟雄等北方地区的中国共产党领导人，然后又绕道上海，与中共领导人陈独秀等人秘密会晤。"由于瞿秋白在俄语方面的特长以及在苏俄的经历，鲍罗廷一见瞿秋白便相中了他，甚至没有与中共中央认真商量就点名将瞿秋白调到了'鲍公馆'"，担任自己的翻译。

10 月 25 日，孙中山在广州主持国民党改组特别会议。同时正式聘请鲍罗廷为国民党临时中央执行委员会的顾问，国民党的组织法、党纲、党章等都由鲍罗廷起草，再由孙中山审定。

在此过程中，作为鲍罗廷的翻译，瞿秋白将宣言草案由俄文稿译成中文，讨论修改后又译为俄文，就这样不厌其烦地让鲍罗廷再修改再翻译。后来周恩来回忆说，国民党一大宣言，是在共产国际、苏联和共产党人的帮助下产生的，“是孙中山先生委托鲍罗廷起草，由瞿秋白翻译，汪精卫润色的”。

在广州期间，瞿秋白与鲍罗廷几乎形影不离，成为鲍罗廷身边不可缺少的得力助手。鲍罗廷与孙中山之间的频繁接触，鲍罗廷与国民党重要领导人廖仲恺、汪精卫、胡汉民等就国民党改组事宜的一次次讨论，以及鲍罗廷与李大钊和中共中央驻广州的代表谭平山之间不断交换意见，中共党团与鲍罗廷定期举行的联席会议，都需要瞿秋白参加。在所有这些重要活动中，瞿秋白既是翻译又是工作秘书，协助鲍罗廷处理了大量文件的起草和整理工作，充分显示了他的才华和能力，赢得了鲍罗廷的信任和欣赏。于是，鲍罗廷决定让他担任更为重要的工作，即为了加强上海的国民党改组工作，11月鲍罗廷特派瞿秋白与国民党重要领导人汪精卫、胡汉民一起前往上海主持上海国民党支部特别是领导《民国日报》的改组工作。

1924年1月20日至30日，中国国民党第一次全国代表大会在广州召开。瞿秋白与毛泽东等一起当选为国民党候补中央执行委员。那年，瞿秋白只有25岁。25岁，他就已经成了一个年轻的革命家，而且已经在中国共产党内崭露头角。

但是，在那样一个风雨如磐的年代，成为一个共产党的革命家要冒极大的生命危险。原本完全可以拿着高薪与自己的老婆孩子“躲进小楼成一统”过自己幸福生活的瞿秋白、李大钊们之所以要选择这样一份职业、这样一条道路，纯粹是出于一种信仰，一种坚定的政治信仰，一种在那样一个年代也只有真正的共产党人才有的崇高政治信仰，而这种信仰绝非“镜中花、水中月”般的空想，在革命年代，中国共产党人的所有追求、所有奋斗，始终贯穿一个主线，那就是民族独立、人民解放。

正是因为有了这样的信仰、这样的追求，荣

华富贵、高官厚禄、锦绣前程，这些自古以来很多人孜孜以求的梦想，才会被瞿秋白、李大钊们这些虽然年轻但找到了信仰真谛的革命者弃之如敝屣。

05 “红莓花儿开”

田野小河边，红莓花儿开，
有一位少年真使我心爱，
可是我不能对他表白，
满怀的心腹话儿没法讲出来！
他对这桩事情一点都不知道，
少女为他思恋，天天在心焦，
河边红莓花儿已经凋谢了，
少女的思恋一点没减少！
……

——《红莓花儿开》

这首著名的苏联情歌是苏联早期著名抒情诗人米·瓦·伊萨科夫斯基（1900—1973）所作。这首旋律优美抒情、感情真挚动人的歌曲即使是在今天，仍然深受许多中国听众喜爱。瞿秋白比伊萨科夫斯基早 1 年出生，两人完全就是同时代人。但因为瞿秋白 1935 年就牺牲了，生前他当然没听过伊萨科夫斯基在苏联卫国战争时期才创作的这首歌曲。不过，这首《红莓花儿开》就好像是为瞿秋白量身定制的，真切而生动地反映出瞿秋白当年那两段虽然非常美丽但多少有些悲情的爱情与婚姻……

从某种意义上说，马林不仅是瞿秋白革命事业的“伯乐”，也是他爱情生活的“月老”。

那是 1923 年 5 月下旬，青年共产国际执委会秘书许鸾致信马林，说由于青年共产国际负责人达林因故不能来华出席中国社会主义青年团第二次代表大会，因而想请马林出席。马林欣然同意。但是到了 8 月，莫斯科竟然中途走马换将，马林遗憾离开中国。临走前，他便委托瞿秋白，请他代自己参加 8 月间在南京召开的这次会议。于是，党的三大后，瞿秋白便从广东来到南京，以青年共产国际执行委员会代表的身份参加了这次会议。

要说爱情这东西，还真存在缘分。一天会

后，任团中央书记的施存统来到瞿秋白的房间，对他说：“有两个在上海读过书的女学生，名叫王剑虹和蒋冰之，现在住在南京。我们今天去看看她们吧。”

瞿秋白有些好奇，笑着对施存统说：“哦，你是怎么认识她们的？”

施存统说：“她们与我妻子是上海平民女校的同学，两人都才貌双全，挺不错的。”

于是，瞿秋白便跟随施存统来到了两个女孩的住处。

王剑虹，1903 年生，四川酉阳人，土家族。早年丧母，父亲是老同盟会员，后任广州国民政府秘书。1918 年，蒋冰之也即后来成为著名女作家的丁玲考入湖南桃源第二女子师范预科时，王剑虹已是师范二年级的学生了。1919 年五四运动爆发后，王剑虹成了全校学生运动的领头人。“她有双智慧、犀锐、坚定的眼睛。在一些辩论会上，她的带有煽动性而又极富应变才能的演说，常常激起全体同学的热情，几乎每句话都引起雷鸣般的掌声，把辩论的对手问得瞠目结舌。丁玲说她像一团烈火，一把利剑，一支无所畏惧、勇猛直前的尖兵。”

1921年年底，王剑虹来到上海，进入陈独秀、李达等刚创办的上海平民女子学校。这是一所专门培养妇女干部的学校。1921年12月10日，中国共产党领导创办的第一份妇女刊物《妇女声》在上海创刊，王剑虹参加了编辑工作。她还在《妇女声》《民锋》等刊物上撰写文章。1921年寒假，她回常德，动员丁玲到上海入平民女校。但是，不久她们因不满足于在平民女校的单调生活，便结伴来到南京，想到南京闯荡。

那天，对瞿秋白这位“不速之客”，两位美丽的姑娘显然都留下了美好而又深刻的印象，以至半个多世纪后，丁玲在她的《我所认识的瞿秋白同志——回忆与随想》一文中，对她与瞿秋白的第一次相见记忆犹新，历历在目。

一九二三年夏天，我们两人到南京来了。我们过着极度俭朴的生活……他们带了一个新朋友来，这个朋友瘦长个儿，戴一副散光眼镜，说一口南方官话，见面时话不多，但很机警，当可以说一两句俏皮话时，就不动声色地渲染几句，惹人高兴，用不惊动人的眼光静静地飘过来，我和剑虹都认为他是一个出色的共产党员。这个人就是瞿秋白同志。

虽然是第一次见面，但无论是瞿秋白还是两个女孩都对对方很有好感，大家一见如故，相谈甚欢。

听说王剑虹和丁玲两人想在社会上闯荡，施存统和瞿秋白都很担心，就劝她俩不要盲目。秋白问王剑虹："你们的生活费哪儿来？父母亲不可能养你们一辈子呀！"

丁玲抢着回答说："我们可以去纱厂当女工，还可以去当家庭教师，或者当用人挣钱。总之，要按照自己的理想去生活，不能被环境左右自己。"

秋白笑着说："你们的想法是好的，但是未免过于天真。这样没有目的地乱闯，是不行的。如果你们对平民女校不满意，可以来我们上大，在上大，可以自由选择你们喜欢的科系，可以自由听课。"

不知是因为喜欢上大，还是因为喜欢长得风度翩翩、温文尔雅的瞿秋白，反正，过了两天，王剑虹和丁玲两个女孩真就跟着瞿秋白回到上海，进入上大学习。

上海大学是国共合作背景之下创办的一所地道的弄堂大学。瞿秋白担任学校教务长和社会学系主任。这也是中国大学历史上成立的第一个社会学系。当时，蔡和森、萧楚女、张太雷、恽代英、施存统、沈雁冰（茅盾）等一批共产党的重要人物和著名学者，陆续汇集到该校任教。

在上海大学读书时，丁玲很喜欢沈雁冰讲的《奥德赛》《伊利亚特》等远古异国离奇美丽的浪漫故事，王剑虹则喜欢俞平伯讲的中国古代诗词，尤其为优美婉转的宋词所深深陶醉。但在所有的教师中，两个女孩子最崇拜乃至暗恋的却是瞿秋白。在一篇回忆文章中丁玲这样写道：

可是，最好的教员却是瞿秋白。他几乎每天下午课后都来我们这里。于是，我们的小亭子间热闹了，他谈话的面很宽，他讲希腊、罗马，讲文艺复兴，也讲唐宋元明。他不但讲死人，而且也讲活人。他不是对小孩讲故事，对学生讲书，而是把我们当作同游者，一同游历上下古今，东西南北……

瞿秋白相貌英俊，才华横溢，谈吐又特别幽默、博学，而且只有24岁，就已经是著名记者、社会名流，且思想进步……所有这些，在当年，都足以让社会上大多数女孩子情不自禁对他迷恋和崇拜。

因此，在频繁的交往与谈话中，瞿秋白让两个玉洁冰清的女孩子都不自觉地坠入了爱河，都暗中充满了对瞿秋白的仰慕和爱意。特别是王剑虹，由于与瞿秋白在性格、气质、生活经历等方面有更多的相似之处——两人都是早年丧母，都性格文静、外柔内刚，都喜欢中国古典诗词，因此，对瞿秋白暗恋更深。

一天，瞿秋白为沈雁冰代课。课堂上，学过美术的王剑虹悄悄为瞿秋白画了一张素描。下课时，她送给瞿秋白并问画得像不像。瞿秋白心里高兴，仔细看了一会儿，就故意摇着头说："不像。"

王剑虹低下头，停顿了一会儿就问："画得不好?"

瞿秋白这才微笑着回答道："不，是你把我画得太好了，我可没有那么英俊潇洒。"

民国年间的爱情多半都温柔含蓄，尤其是像王剑虹这样情窦初开的少女本就像"丁香花般娇羞"，而且，面对像瞿秋白这样年少成名的才子，因为害怕被拒绝，就更是鼓不起公开示爱的勇气，于是，她把自己的相思与爱恋写成一首情诗《他》偷偷藏在自己的垫被下。

回自新气的俄乡，
本有的潇洒更增新的气质，
渊博的才华载回异邦艺术之色。
他的学识、气质、形象，
谁不钦羡敬重，
但只能偷偷在心底收藏!

美丽的少女，痴情的少女，就像《红莓花儿开》这首歌中所唱的那样："田野小河边，红莓花儿开，有一位少年真使我心爱，可是我不能对他表白，满怀的心腹话儿没法讲出来！”

但有一天，丁玲在无意间发现了这首藏在王剑虹垫被下的情诗，读罢这首火一样的诗篇，丁玲顿时恍然大悟，原来王剑虹爱上了她们的老师瞿秋白，而且，爱得是这样执着，这样痴情。丁玲一下子被感动了，于是，她忍痛将藏在心中的爱恋割舍，然后，主动做起了红娘，让现实版的“崔莺莺”与“张生”有情人终成眷属。

1924 年年初，在广州参加中共三大的瞿秋白匆匆赶回上海，与王剑虹结婚。新婚燕尔，虽然瞿秋白在上大有很多的教务，但他还是尽量在家里多待些时间，每天小夫妻俩恩恩爱爱，如胶似漆，彼此有诉不完的衷肠，有相互赠阅却总觉得意犹未尽的一首首情诗。那时，两个知心爱人真想生生世世永远在一起。

谁知蜜月还没度完，苏联顾问鲍罗廷却忽然要瞿秋白去当翻译，陪他南下广州。

这是革命的事业。对于瞿秋白来说，事业高于一切，不能不去。于是，他忍痛暂别娇妻，前往广州。两地分居，距离更增加了爱情，增强了思念。会议期间，瞿秋白几乎每天都给妻子写信，信是用五彩的布纹纸写的。

1月12日：“爱恋未必要计较什么幸福不幸福。爱恋生成是先天的……单只为那‘一把辛酸泪’，那‘暗暗奇气来袭我心’的意味也就应当爱了……”

1月13日：“我们要一个共同生活相亲相爱的社会，不是要——机器、楼房啊。这一点爱苗是人类将来的希望。要爱，我们大家都要爱是不是？——没有爱便没有生命；谁怕爱，谁躲避爱，他不是自由人。他不是自由花魂。”

1月28日：“我苦得很——我自己不得你的命令，实在不会解决我的人生问题。我自己承认是‘爱之囚奴’，‘爱之囚奴’！我算完全被征服了！”

不仅写信，还写情诗。1月12日，信中附诗写道：

……

你偏偏爱我，

我偏偏爱你——

这是冤家，

这是“幸福”。

唉！我恨不能插翅飞回吻

……

梦可！梦可！

我叫你，你听不见，

只能多画几个“!!!!!”，

可怜，可怜啊！

这么情感炽热又有才华的情书和情诗，试问，天底下有哪个美丽多情的女子能挡得住、受得了？

那段时间，美丽的新娘王剑虹真的要被秋白的柔情蜜意给融化了。

可是，真是天妒红颜，这种卿卿我我、甜甜蜜蜜犹如神仙眷侣般的爱情生活实在太短暂了，只半年时间，剑虹即得了肺病。那时秋白的工作任务很重，眼看着剑虹的病势日渐加重，他预感到不幸就要降临到头上，心里沉重得像是灌满了铅，但他仍竭力控制自己的情绪，照常参加各种会议，课也照常讲得丰富而又生动。

一旦回到家里，就片刻不离地侍候在剑虹的床边，喂汤喂药。然而上苍无情！经多方医治无效，病魔终于还是夺走了剑虹如花的生命，也夺走了秋白的欢乐。

1924 年 7 月，剑虹在秋白的怀抱中静静地走了，这年她才 20 岁。

弥留之际，她平静地对秋白说："悲莫悲兮生别离，乐莫乐兮新相知。我生有你这一知己，知足了。我的生命事小，革命事大，勿以我为念……"

秋白抱着剑虹号啕大哭："剑虹，梦可！梦可，剑虹！你怎么把我丢下独自走了？梦可！我们不是约好，还要写出很多的诗和曲，我们还要生下我们的孩子，我们要好好把他教育成人。可你现在，为什么狠心丢下我独自走了哇?"

可是哭又有什么用呢? 剑虹早已去了另一个世界，秋白的心也随她去了！

剑虹去世以后，秋白像是断了线的风筝，随风飘忽；又像是颠簸在大海上的一叶孤帆，不知何处是归岸。

但是，就在这个时刻，又一个年轻美丽的女性，走进了他的生活。

她，就是杨之华，与王剑虹一样，也是瞿秋白的学生。所以，瞿秋白短暂一生中所邂逅的两段爱情都是美丽的“师生恋”。

而且，瞿杨的爱情从某种意义上说，也是因为革命引起的。

那是1924年11月27日到29日，上海《民国日报》连续3天刊登这样3则“启事”：

杨之华沈剑龙启事：自一九二四年十一月十八日起，我们正式脱离恋爱的关系。

瞿秋白杨之华启事：自一九二四年十一月十八日起，我们正式结合恋爱的关系。

沈剑龙瞿秋白启事：自一九二四年十一月十八日起，我们正式结合朋友的关系。

虽然每则启事都很短，但就因为涉及一桩“三角恋”，更由于当事人瞿秋白具有较高知名度，所以“启事”甫一刊出，即成为“新闻热点”，在上海滩引发热议。甚至“启事”刊出半个月后，上海《晶报》还刊文评论此事；一些偏好“花边新闻”类的刊物，也对这场“三角恋”故事津津乐道，有的还捕风捉影，添油加醋。

杨之华是浙江萧山人，1900 年生，比秋白小一岁，是当时众口交誉的美女，丁玲说她“长得很美”，郑超麟说她“漂亮”，万亚刚（国民党中统要员）说她“长得非常漂亮，有上大校花之称”。她在 20 岁时和浙江士绅沈玄庐的儿子沈剑龙结婚。沈剑龙才貌出众，喜欢诗词、音乐，也曾与之华一起立志自谋生活，不依赖家庭。但是他和朋友一起到上海以后，经不起十里洋场灯红酒绿生活引诱，堕落了。这时之华在萧山的家里生下一个女儿，之华将她取名“独伊”，意即只生你一个，可见她心中的怨愤之情。但她仍然爱着剑龙，独自去上海寻找他，苦口婆心劝说他回头，可是没有效果，他们的感情终于破裂，夫妻关系名存实亡。

1923 年，之华考进上海大学社会学系，一边读书，一边做妇女工作。秋白是社会学系主任，讲授社会科学概论和社会哲学两门课。秋白以他优雅的风度、渊博的学识、雄辩的口才，在上大师生中赢得了很高的声望，也赢得了之华的一颗“少女的心”。

之华学习很努力，并且热心参加社会活动，她是青年团员，正在积极要求入党。当时她还在国民党上海执行部妇女部担任部分工作，与向警予同志在一起。向警予是中共中央妇委书记，她对之华很器重，她觉得之华为人正直、纯朴，工作忠实、热情，所以积极培养她作为党的发展对象。

但真正促成瞿杨恋情的还是鲍罗廷。

1924年6月，鲍罗廷偕夫人离开北京来到上海，想了解一下上海妇女运动的情况。多年后，杨之华的女儿瞿独伊回忆，据母亲说，“那一天，苏联顾问鲍罗廷要了解上海妇女运动的情况。向警予恰好不在上海，上海大学社会主义青年团支部通知杨之华去汇报。她到那里时，意外地遇见了秋白，秋白担任了他们谈话的翻译”。

当时，在去的路上，杨之华心里还忐忑不安，生怕自己俄语不好，说话颠三倒四，完不成任务，但跑去一看，原来瞿秋白也在那儿。她后来回忆说："一见到他，我觉得有了依靠，心情就平静下来了。"

在汇报时，杨之华先还有些紧张，但很快就放松了，而且越说越好。瞿秋白坐在那里满意地微笑着，在鲍罗廷和杨之华之间轮流当翻译。

据杨之华回忆，当时在上海大学凡是听过瞿秋白课的同学都说他的课讲得好，有的学生说瞿秋白是个天才，有的学生则说他平时就很用功。但生活中的瞿秋白不肯多讲一句废话，所以有人说，瞿秋白是"骄傲的""冷酷的"。通过这次在鲍罗廷家的合作，瞿秋白在杨之华的心目中留下了深刻难忘的印象。她说："从这次工作接触后，我觉得他很诚恳，很愿意帮助别人。他不但不骄傲，而是很谦虚；不但不冷酷，而是很热情。他的热情，不是浮在表面，而且蕴藏在内心，只有当人们和他在一起工作时，才能深切地感觉到这种热情的力量。"

不久，在瞿秋白的帮助下，杨之华加入了中国共产党。

对于自己的老师瞿秋白，杨之华当然是既敬

又爱，但因为瞿秋白是有妇之夫，所以，她曾“爱你在心口难开”，一直把这份爱紧紧地包裹着深深埋藏在心里，而等到王剑虹病逝后，她内心的那份情爱终于埋藏不住，渐渐便开始发芽了，开花了……

对于杨之华，事实上，在多次接触后，瞿秋白的心底也渐渐升腾起一种异样的感觉，有时他尽管约束住自己，努力不去想她，但那双美丽聪明的大眼睛总是在自己的眼前浮现……

就这样，有一天，两个彼此相爱的人终于管束不住自己，毅然决然地冲破了世俗的藩篱，走到了一起。“瞿杨师生恋”一时间在上海大学乃至整个上海滩都成为人们相互谈论的话题。

1924 年 11 月 7 日，俄国十月革命胜利纪念日，瞿秋白与杨之华特地挑选此日，作为结婚仪式举办日，茅盾夫妇等前去祝贺。

从此，瞿秋白、杨之华终于成为“生命的伴侣”，相濡以沫，同甘共苦，携手走过 10 年的风风雨雨。

06 “受命于危难之际”

1924年1月召开的国民党第一次全国代表大会，标志着国共第一次合作正式形成。对于第一次国共合作，孙中山之所以同意，实在是觉得还没完全执政就早已染上贪污腐败争权夺利等“毒瘾”的国民党急需“戒毒”，需要输血。所以，当那一天，孙夫人宋庆龄问他，为何需要共产党加入国民党？他回答说：“国民党正在堕落中死亡，因此要救活它就需要新血液。”而这“新血液”，在孙中山看来，就是年轻的充满朝气的中国共产党。

孙中山很钦佩共产党人，钦佩共产党人普遍具有的一身正气和严明的政治纪律以及组织能力，钦佩共产党人投身革命纯粹只是为了政治信仰，而绝非为了争权夺利。但是，在内心中，他又很害怕中国共产党，害怕政治坚定能力很强的共产党人有一天会和他和国民党“楚汉争雄”。

孙中山尚且如此，其他国民党人特别是国民党右派对共产党人对国共合作的态度与盘算就更可想而知。所以，孙中山还在世时，国民党右派分子就不断公然挑衅或暗中攻击共产党人，甚至责难孙中山，主张与共产党“分立”。等到 1925 年 3 月 12 日孙中山在北京病逝后，本就一盘散沙的国民党内迅速发生分裂，那些新的右派势力反共气焰十分嚣张。

1925 年六七月间，曾任国民党中央常务委员、宣传部部长及黄埔军校第一任政治部主任的戴季陶相继抛出《孙文主义之哲学基础》和《国民革命与中国国民党》两本小册子，与《民生哲学系统表》一起，形成了一整套理论体系，号称“戴季陶主义”，集反共理论之大成。李云汉在《从容共到清党》中曾评论：“此书（指《国民革命与中国国民党》）一出，从上海到广州，反共的视线开始集中，反共的势力开始形成，各地孙文主义学会的成立及反共运动的酝酿，莫不受戴氏反共理论的影响。”

8 月 20 日，曾积极协助孙中山改组国民党，坚持实行国共合作的左派领袖廖仲恺在广州被刺身亡。11 月，以邹鲁为首的国民党右派分子在北京西山召开所谓“国民党一届四中全会”，作出取消共产党员加入国民党的党籍，开除国民党中央执行委员和候补中央执行委员中共产党人谭平山、李大钊、毛泽东、瞿秋白等 9 人国民党籍的决议。

面对这股分裂国共合作的逆流，共产党人和国民党左派团结一致，进行了坚决的回击。

1926 年春，瞿秋白肺病复发，每天低烧，咳嗽不止，但他带病坚持工作。处于激愤的革命斗争情绪中的他，在不到两个月的时间内，竟撰写了 20 多篇政论文章，平均每两三天就写成一篇，对国民党右派言论及时予以反驳和批判，同时，深刻阐述了关于无产阶级领导权的问题。

“火热而严峻的革命斗争，锻炼了瞿秋白，他的革命思想和理论研究，已经日臻成熟。”

由于一连多日经常熬夜写文章，实在太累，

瞿秋白终于病倒了。他大口吐血，连走路都需要人搀扶。中共中央通知杨之华，一定要强迫秋白住院治疗，这是党的命令。

在之华的精心照料下，瞿秋白的身体日渐康复。

1926 年 8 月，大病初愈的瞿秋白来到广州，为鲍罗廷当助手和翻译，这期间，他还在毛泽东主持的农民运动讲习所讲授《国民革命中的农民问题》。

当时，随着北伐的进展，广东、两湖的农民运动也轰轰烈烈开展起来。农民运动受到国民党右派和党内右倾路线的攻击指责，为驳斥反对农运的论调，毛泽东在深入农村调查之后写成《湖南农民运动考察报告》，对当时在国共两党内都有微词、受到指责的农运作出自己的肯定评价。但这篇文章在党的机关刊物《向导》上只发表了一半就被党内持“正统”观点的人阻止。

正在武汉忙于党的五大筹备工作的瞿秋白看到毛泽东这篇文章后，立即肯定了它对现实斗争的重要意义，指示党领导下的长江书局将毛泽东的著作作为单行本全文出版，并亲自将它改名为《湖

上善若水
厚德载物

南农民革命》，作为计划出版的湖南农民运动系列丛书的第一本，并为之写了长篇序言。序言指出："中国的农民要的是政权，是土地。因为他们要这些应得的东西，便说他们是'匪徒'。这种话是什么人说的话！这不但必定是反革命，甚至于不是人！农民要这些政权和土地，他们是要动手，动手自然要侵犯神圣的绅士先生和私有财产。他们实在'无分可过'。他们要不过分，便只有死，只有受剥削！"

在序言的最后，瞿秋白热情洋溢地说："中国农民都要动手了，湖南不过是开始罢了。中国革命家都要代表三万万九千万农民说话做事，到战线去奋斗，毛泽东不过开始罢了。中国的革命者个个都应当读一读毛泽东这本书，和读彭湃的《海丰农民运动》一样。"

在当时党的领导层中，像瞿秋白这样以敏锐的眼光看到农民运动对中国革命的特殊重要意义而予以支持的人是不多的。瞿秋白以他当时在党内的重要地位，对此书所作的评价，无疑对毛泽东关于农民运动的理论观点和实际工作都是巨大的支持。

来到武汉不久，瞿秋白便兼任中共中央宣传部部长，主持党的宣传工作，同时还在中央军事政治学校武汉分校担任政治教官。

1926年11月26日，国民党中央在广州召开政治会议，决定迁都武汉。因为当时湖南、湖北的群众革命运动高涨，国民党左派和共产党共同掌握了革命政权，武汉已成为当时的革命中心。12月中旬，国民党中央和国民政府迁到武汉。

但是，蒋介石这时已决心背叛革命，对国民党中央的决定置之不理，暗地里开始了他的一系列阴谋活动。

1927年3月下旬，屯兵上海南郊的北伐军开进已被工人起义占领的上海。3月24日，国民革命军一部占领南京。到这时，蒋介石认为反共的时机已到。4月初，他在上海召开秘密会议，决定用暴力手段实行“清党”。

4月12日，蒋介石经过精心密谋和准备，终于背叛革命，在上海向共产党人和革命群众举起屠刀，发动了罪恶的反革命政变。

顿时，全国上下一片腥风血雨，大批共产党员和革命群众被杀，中国共产党面临着生死存亡的危险。

四一二反革命政变的消息传到武汉，瞿秋白拍案而起："蒋介石是个政治流氓，彻头彻尾的反革命，他镇压革命，双手沾满了共产党人和革命群众的鲜血，这笔血债一定要他偿还！"

同时，瞿秋白指出中共中央存在的严重问题，他说："党内一部分人对蒋介石抱有幻想，一味对蒋迁就，最后竟发展到命令上海的工人放下武器，解除武装，这无异于将赤手空拳的上海工人送到蒋介石的屠刀下，任敌人宰割！"

四一二反革命政变发生半个月后，4月27日，中国共产党在武昌高等师范附小的礼堂里举行第五次代表大会开幕式。

陈独秀作了长达6个小时的政治报告。"陈独秀的主要观点与共产国际代表团事先商谈的协议有些出入，提出自己的看法，谈了不少成绩，缺少自我批评，特别是在共产国际代表维经斯基等人指导下的右倾错误。这让许多代表很不满意，签名要求发言者多达38人。”

第二天继续开会时，代表们进入会场，发现每个人的座位上都放着瞿秋白撰写的小册子《中国革命中之争论问题——第三国际还是第零国际?》。在文中，他直言不讳地写道：

我将我对于党的意见，亦许是大家不能和我一致的，完完全全地说出来。我肯定地说：我们的党是有病。凡是有病的人，如果讳疾忌医，非死不可。而我们党的第一种病，便是讳疾忌医。

……

我敢说：中国共产党内有派别，有机会主义。

如果再不明白公开地揭发出来，群众和革命要抛弃我们了。我们不能看党的面子，比革命还重。一切为革命的胜利！

看到这本小册子，大家都议论纷纷，交头接耳。与瞿秋白同乡的恽代英戴着一副白丝边眼镜，笑着对杨之华说：“这个标题写得好，写得尖锐。问题也提得明确：中国革命么？谁革谁的命？谁能领导谁？如何去争领导权？领导的人怎样？问得实在好！”

瞿秋白的这篇文稿得到共产国际代表们的首肯。罗易认为：“瞿秋白同志所写的东西……是对以前的中央委员会的政策表示不满和批评的唯一一次有组织的形式。我们认为这是很有希望的征兆。”纳索诺夫、阿尔布列赫特和曼达良等国际代表回莫斯科后报告时也说：“这本小册子，尽管有一些缺点，但除了给彼得罗夫主义以毁灭性批判外，他还对中国的阶级力量做了很有价值的分析，提供了很多实际材料。”

5月9日，五大闭幕，瞿秋白和杨之华都当选为中央委员。第二天，在五届一中全会上，瞿秋白当选为中央政治局委员。6月3日，他又补入政治局常务委员会，其他4人是陈独秀、张国焘、蔡和森和李维汉。

7月15日，汪精卫终于叛变革命，在武汉公开“分共”。

大革命失败了，国民党与共产党分道扬镳了，但革命还要继续进行下去。在这生死关头，中国共产党面临着严峻考验。

为了反抗国民党反动派的屠杀政策，挽救中国革命，7月20日，中共中央临时政治局常务委员会提出关于准备在南昌举行武装起义的意见。事不宜迟，当天李立三和邓中夏就气喘吁吁上庐山找到鲍罗廷和瞿秋白。李立三和邓中夏向瞿秋白汇报南昌起义的计划，瞿秋白当即表示完全赞同，激动地说："我们早就应该这样干了，我们已经被压抑得太久了，也许这次暴动会给我们党带来新的希冀！"

当时，经过鲍罗廷推荐并得到莫斯科同意，瞿秋白实际上已经主持临时中央的工作。

8月1日，南昌城内外响起激烈的枪声。南昌起义虽然没有达到预期目标，但成功打响了武装反抗国民党反动派的第一枪，标志着中国共产党独立领导革命战争，创建人民军队和武装夺取政权的开端。

为了总结大革命失败的经验教训，及时纠正陈独秀的右倾错误，确定中国革命新的方针，临时中央根据共产国际的指示，决定在武汉召开紧急会议。会议原定于7月28日召开，但当时由于形势非常复杂、危险，会议人员难以集中，会期不得不推迟到8月7日。

8月7日那天，“火炉”武汉的天气非常闷热，一如当时陆续赶来参会代表的心情。由于会议是在敌人眼皮子底下召开的，所以非常保密。这次会议便是中共党史上非常著名的“八七会议”。

八七会议虽然没有明确瞿秋白为党的总书记，但实际上确定了瞿秋白在党内负责全局工作。也就是说，瞿秋白接了陈独秀的班，成为党内“一把手”。

八七会议是在中国革命的危急关头召开的，会议正式确定了实行土地革命和武装起义的方针，并把领导农民进行秋收起义作为当前党的最主要任务，从而使全党没有在白色恐怖面前惊慌失措，指明了今后革命斗争的正确方向，为挽救党和革命作出了巨大贡献。瞿秋白发下誓言：“要蒋介石偿还血债！”毛泽东尖锐地指出：“从前我们骂中山专做军事运动，我们则恰恰相反，不做军事运动专做民众运动。”他着重强调：“以后要非常注意军事，须知政权是由枪杆子中取得的。”这是一个对中国革命有着极其重要意义的论断。

诚如蔡和森所说：“我们绝对不要忘记‘八七’以后之伟大的效果。北方有好些同志说：‘假若新方针迟来一月，我们都散了。’这不仅北方为然，全国莫不如此，尤其在两湖、上海及广东。我们仗着新方针，不仅挽回了工农群众的恐慌和悲观，而且兴奋了广大范围内几百几千万的群众，继续不断的发展工农革命的高潮，一直向苏维埃政权走。”“我们在新方针之下不仅重新团结了党员群众，而且领导广大的工农群众到新的革命高潮上来，这是值得我们自夸的。”

李维汉回忆说：“为什么大家都推选瞿秋白同志负责?”因为他“理论水平比较高”，无论是“反对戴季陶主义”，还是反对党内右倾错误，“旗帜都比较鲜明”。

当时，中国共产党正处于建党以来最危急的时期，在革命高潮中参加共产党和革命的人中，不少人感到悲观失望，前途莫测，那些投机分子，动摇分子，有的声明退党，有的叛变革命，有的摇身一变成为屠夫。脱党的“人数一天天增加，初则一个一个的登报脱离，继则一批一批……不但是在武汉，就在各地方如广东、上海都是这样”。“有些党的组织准备解散，并影响到工农群众的动摇和恐慌”。

“当革命失败的时候，许多共产党员离开了共产党，有些甚至跑到敌人那边去了”，就是在这样一个危难时刻，那样一副革命的重担，别无选择地落到了一个柔弱书生的肩上。但瞿秋白没有选择退缩，而是受命于危难之际，在白色恐怖的血雨腥风中，领导着全党，顶着千钧重压，义无反顾，勇往直前，在中国革命最黑暗的年代，谱写了一曲撼天动地的英雄壮歌。

07 吹响武装斗争的号角

有句古语说，“百无一用是书生”。细究起来，这其实是一种书生的自谦，也是一种社会的偏见。揆诸历史，不难发现，在历史的长河中，诚所谓“乱世出英雄”，每当山河破碎国家危亡之际，总会有书生或隐在背后，或走到台前，“亟拯斯民于水火，切扶大厦之将倾。”

毫无疑问，瞿秋白就是这样一个“书生”，一个共产党的“书生”。事实上，中国共产党在初创时期，参加革命的几乎清一色都是一些“书生”，一些无论在当时还是在整个中华民族历史上都是中国最优秀的书生！

八七会议一结束，瞿秋白去找毛泽东谈话：

“鉴于目前形势，中央机关准备迁往上海，我们想请你到上海党中央机关工作，你看怎么样?”

毛泽东笑着说：“我这个农村的土包子，住不惯上海的高楼房。我要上山去结交绿林朋友，拿起枪，开展武装斗争，造国民党的反!”

瞿秋白认为毛泽东说得有道理，于是决定任命毛泽东为中央特派员，去湖南领导农民起义。

根据瞿秋白和临时中央的指示，毛泽东会后立即回到湖南，发动湘赣边界数县农民秋收起义。接着于9月下旬开始向井冈山进军，创建农村革命根据地，点燃了“工农武装割据”的“星星之火”，并在实践中着手解决八七会议之后中国革命所没有解决的重要问题，作出了伟大的贡献。

当时，临时政治局常委会曾否定毛泽东和湖南省委缩小暴动区域的决策，认为是错误的。但在了解实际情况后，瞿秋白认为毛泽东的意见是正确的。此后，瞿秋白更注重发挥毛泽东的作用。9月28日，瞿秋白在他主持的临时中央政治局常委会上，力荐毛泽东加入长江局。这次常委会的记录记下了他的话：“泽东能来，必须加入，我党有独立意见的要算泽东。”

这期间，各地党组织在新的中央领导下，到处都燃起武装起义的“星星之火”。除毛泽东领导的湘赣边界秋收起义外，在湖北，有蒲圻、咸宁、公安、石首、松滋、沙市、通城、通山、崇阳、孝感、麻城、黄安、洪湖等地的起义；在江西，有修水、德安、星子、鄱阳、弋阳、横峰、万安等地的起义；在广东，有海丰、陆丰、琼崖等地的起义；在江苏，有宜兴、无锡、江阴、崇明等地的起义；在河南，有光山、四方山等地的起义；在河北，有玉田等地的起义；在陕西，有清涧等地的起义。

1927 年 9 月 19 日，临时中央政治局会议通过《关于“左派国民党”及苏维埃口号问题决议案》，决定放弃“左派国民党”旗帜，提出宣传和建立苏维埃的口号。

在革命低潮阶段，党所领导的这些武装起义，与国民党进行了针锋相对的斗争，提振了革命精神，挽救了中国革命，从武装暴动的总方针来说，无疑是正确的。但是，党中央领导机关和不少地方党组织，出于对敌人的仇恨，提出了“红色恐怖”“打杀地主豪绅”的口号，党内的“左”倾情绪不断发酵，任其泛滥，则是错误的。

11月9日至10日，在瞿秋白主持下，召开了中共中央临时政治局扩大会议。这次会议时值两湖农民暴动受挫，叶挺、贺龙军队失败之后。因此，会议主要任务是总结经验教训，制定继续斗争的策略。会议提出中国革命一定要在中国共产党的领导下发动农民，组织工农革命军，开展游击战争，建立农村革命根据地，推翻旧军阀和国民党反动政权等，这些都是正确的。

但是，这次会议在全国革命形势已转入低潮的情况下，在共产国际代表罗明纳兹直接指导下，仍坚持认为中国革命是“不间断革命”，革命形势不会低落，只会不断高涨，革命方针是进行全国总暴动。这就大大助长了八七会议以来中国共产党内的“左”倾情绪，使“左”倾盲动的指导思想在党中央领导机关取得了统治地位。

11月扩大会议后，中共中央开始实施全国总暴动的方针，先后部署了广州、上海、武汉、天津、长沙等大城市举行“总罢工”“总暴动”计划；部署两湖、江苏、浙江等省的“工农总暴动”；先后发动了宜兴、无锡的农民起义，以及上海起义、武汉起义、顺直暴动等，并在某些地区提出过“左”的政策和口号，如11月15日中共中央致两湖省委信提出“杀尽改组委员会委员，工贼，侦探，以及反动的工头”，“杀尽土豪劣绅、大地主”。在这种“左”倾情绪下，湖南省委一些人甚至主张烧光县城，江苏省委则要求家家户户都要参加暴动，否则以反对革命纪律制裁。由于缺乏群众基础，加之敌我力量悬殊，这些暴动都失败了。

特别是12月11日的广州起义虽然取得了暂时的胜利，但起义军领导人叶挺、叶剑英等人看到敌强我弱的严峻形势，力主将6000余人的队伍迅速撤出广州，转移到农村去，然而遭到共产国际派来的代表纽曼的反对。结果两天后，起义军在同张发奎部的激烈巷战中失败，仅1000多人撤出了广州，起义总指挥张太雷壮烈牺牲。

广州起义失败再一次表明，在新军阀拥有强大武装力量之时，在大城市举行武装起义，试图一举夺取革命的胜利，是不可能的。

张太雷之死，使瞿秋白受到很大刺激。张太雷是他的入党介绍人，是党内不可多得的人才，而且他们两人既是同乡又是同学，志同道合且交往颇深。张太雷是在汽车里被敌人子弹射中胸膛而死的，如果早一天撤离广州，无论是张太雷还是广州起义都会是另外一种结局。

12月下旬，鉴于各地总暴动难以发动或失败，临时中央连续通知一些地区，如果条件不具备，就不要立刻暴动，并决定停止原计划的湖南、湖北年关暴动，停止原计划的上海总同盟罢工，纠正一些盲动错误，避免了一些无谓的牺牲和损失。但这时，瞿秋白和临时中央尚未认识到盲动错误“左”倾思想根源，也就不能从根本上彻底纠正这一错误。直到1928年2月25日，共产国际执行委员会在莫斯科召开第九次扩大会议，通过了《关于中国问题的决议案》，批评中共的“左”倾错误以及罗明纳兹的“左”倾主张之后，在全国范围才基本上结束了“左”倾盲动错误。

如何看待和评价八七会议后瞿秋白在主持临时中央政治局工作后所犯的这些错误？对此，作为当事人，李维汉同志后来作了比较公允的评断：“我们也应该承认，像一切杰出历史人物都有他的缺点一样，秋白同志也不是完美无缺的，他犯过‘左’倾盲动主义的错误。但是……这不是他一个人的责任，也不是他一个人负主要责任，主要责任更在国际代表。况且，当时党还不成熟，秋白还年轻，他主持中央工作期间只有二十八岁，犯错误的时间也只有短短的几个月，而且很快就改正了。他犯错误主要是认识问题。我认为秋白是一个正派人，他没有野心，能平等待人，愿听取不同意见，能团结同志，不搞宗派主义，事实上，临时中央政治局是一个五湖四海的班子。他的弱点是在接触实际上有点教条主义。临时中央政治局顺从国际代表，他有一定责任。”

1928 年 1 月 18 日，临时中央政治局召开会议，讨论召开党的第六次代表大会问题。考虑到开会期间代表的安全，瞿秋白先打算在澳门召开，也有人提议在香港召开。但随后向共产国际请示，共产国际指定在莫斯科召开，并要求瞿秋白和周恩来先期赴苏筹备，陈独秀、彭述之、张国焘、蔡和森等其他代表随后赴苏参会。

4 月底，瞿秋白启程离沪赴俄。没几天，杨之华带着 7 岁的女儿瞿独伊和因叛徒出卖刚刚牺牲的罗亦农的夫人李文宜结伴前往苏联。

这是瞿秋白第二次来到苏联。虽然时隔不久，但是心情大不相同。第一次，作为一名特派记者，他当时一身轻松，且充满了好奇；而现在，革命的暴风骤雨，早把他吹打得更加成熟、更加稳重，也更加坚毅。但这时，他的心情非常沉重，内心也一直在深思，怎么样开好这次会议，怎么样领导中共以及红军开展好武装斗争。是的，就在启程赴莫斯科之前，他已经与李维汉、任弼时商定，并请他们以中央的名义发出通知，决定把武装起义中产生的工农革命军正式定名为“红军”……

中共六大的会址定在莫斯科郊外。对这次会议，不仅共产国际而且苏联的最高层领导人都很重视。在开幕式的前一天，即 6 月 17 日，斯大林特意会见了瞿秋白、苏兆征、周恩来、邓中夏、李立三等人。

对于当时的中国革命形势，参加会见的同志

意见不一致，有人认为处于低潮，有人则认为处于高潮。

那天，身着普通士兵服装、脚穿一双肥大的牛皮靴的斯大林显然心情很好，而且他显然已经看过瞿秋白为大会起草的工作报告。对于眼下的中国革命形势，斯大林显然有自己的见解，在听了瞿秋白等人的介绍后，斯大林狠吸了一口烟斗，悠悠地吐了一口烟雾后说道："秋白报告中，许多地方是对的，可是也有错误。目前，我们不能说中国革命已经处于高潮"，广州起义是"革命暂时低落时期的事件"。

也许是怕中国同志听不懂他的话，这时，"斯大林拿过一张纸，用红色铅笔在上边画了几条波浪，然后在波浪的最低点描绘了几朵浪花，意思是，即使是革命处于低潮，也会溅起几朵小小的浪花，但不能把这些浪花看成是高潮"。

六大是中国共产党历史上唯一一次"海外会议"。斯大林、布哈林被选为大会主席团成员，可见共产国际对这次会议的高度重视。

在开幕式上，瞿秋白代表五届中央委员会致

辞。他说，中共五大以来，中国革命经历了很严重的危机，中共中央陷入机会主义，使革命失败；八七会议后，“逐渐将机会主义肃清了，但事实上政策上一切主要问题上，尚有许多不大正确的倾向，如盲动主义、先锋主义之类”等。由于大会按斯大林的调子，重点批评“左”倾盲动错误，因而瞿秋白也在会上诚恳地作了自我批评。

第二天，布哈林在大会作《中国革命与共产党的任务》的长篇报告。据周恩来回忆，“布哈林在大会上作报告骂张国焘和瞿秋白同志，说他们是大知识分子，要让工人干部来代替他们。”

也许正是因为受此影响，六大过分强调“指导机关工人化”，并对知识分子干部提出批评，再加上大家都认为“书生”瞿秋白犯了“左”倾盲动错误，因而在大会选举时，他虽然被选为中央政治局委员，但得票很少，而武汉码头工人向忠发则几乎是全票当选为中央政治局主席兼中央政治局常委会主席。

但历史很快就证明向忠发并不是一个真正的马克思主义者，也没有能力起到正确领导全党的重

要作用，而且更具讽刺意义的是，他被捕后很快就叛变了。

7 月 11 日，六大在雄壮的《国际歌》声中闭幕，瞿秋白和杨之华一起，心潮起伏，放声高唱：“这是最后的斗争，团结起来到明天……”唱着唱着，情不自禁地，眼睛里都涌出了泪花。

08 屡遭打击为哪般？

早在中共六大召开之时，由于中共代表普遍对共产国际不停地往中国派驻代表而且这些“钦差大臣”往往下车伊始便指手画脚瞎指挥意见很大，因而共产国际经过慎重考虑，决定吸取以往的教训，今后不再向中国派遣常驻代表，改为中共在共产国际设立常驻代表团。中央决定瞿秋白担任中共常驻共产国际代表团团长。故此，在共产国际六大闭幕后，身为中共常驻共产国际代表团团长，瞿秋白便留在了莫斯科。

由于长期操劳，身体极度透支，这年的 11 月，瞿秋白肺病复发，被送到黑海休养了一段时间，等身体稍有好转，便又回到莫斯科，继续忘我地工作着。

因为爱妻杨之华带着女儿瞿独伊也在他身边，那段时间，一家人聚在一起，是瞿秋白一生中最开心最幸福的日子。

但这样幸福快乐的时光没有维系多久，他的头顶上空便渐渐乌云翻滚。用鲁迅先生的一句诗来形容，就是："运交华盖欲何求？未敢翻身已碰头。"

而让他"运交华盖"的最主要的有两个人，一个是苏联人米夫，另一个就是王明。

巴威尔·米夫，1901 年 8 月出生于俄国赫尔松省大阿列克谢夫村的一个小官吏家庭。15 岁时，他开始接受革命理论，并参加了秘密革命组织。1917 年，当列宁领导的俄国革命迅速发展之时，年仅 16 岁的米夫正式加入俄国社会民主工党，成为职业革命家。他曾先后在莫斯科社会主义学院和斯维尔德洛夫共产主义大学学习，毕业后，留校工作，并兼任东方大学的研究员，专门研究远东革命，开始关注中国。1926 年年底，米夫在共产国际执委会上抛出《中国问题提纲》（即"米夫提纲"），深受斯大林赏识。1927 年，升任中山大学校长，同时任共产国际中国事务部副部长。

瞿秋白与米夫是在中共六大筹备期间相识的。据周恩来回忆："'六大'的决议是瞿秋白同志起草的，米夫、布哈林都修改过，拿回来后秋白同志又改过。"在报告修改过程中，分别代表共产国际和中共中央的米夫与瞿秋白难免会产生意见分歧，特别是在对待中国富农的立场问题上看法不一致，但分歧并不严重。"这时的米夫有着敏感的政治嗅觉，随时紧跟斯大林，及时将其思想上的新动向融汇成自己的'新理论'。但是米夫的做法从未得到过瞿秋白的欣赏和恭维，他只与米夫保持着一般的上下级关系，或者是理论上商榷的对象，并未发展到像与鲍罗廷等人那样的亲密关系。应该说，这一点多少影响了瞿秋白后来的政治命运。"

如果说，马林、鲍罗廷是瞿秋白的"伯乐"的话，那么，米夫则是他的"瘟神"与"灾星"。

那是 1928 年冬天，斯大林与布哈林等的意见分歧逐渐公开，全苏联掀起反"右倾"运动。1929 年 4 月 13 日，斯大林发表《论联共党内的右倾》的演说，抨击布哈林等人的主张。

很会揣摩并紧跟斯大林的米夫这时当然要急于表现。他找到瞿秋白，说瞿秋白起草并通过的中共六大关于农民问题决议和政治决议中的“不必故意加紧反对富农的斗争”的意见和“中立富农”的政策，必须修改。在瞿秋白等中共代表面前，比瞿秋白还小两岁的米夫说话一向居高临下、盛气凌人，这让有些“书生气”的瞿秋白很看不惯。瞿秋白认为自己的说法没有错，况且中共六大通过的决议，不经大会讨论怎么能擅自修改呢？于是双方各执己见，这让米夫对瞿秋白非常恼火。

也许就是从这时候开始，米夫有了把瞿秋白换掉，而培养和改用能听自己话的人的想法，并且很快就物色到自己中意的人选。

这个人就是他的中国学生王明。

王明，原名陈绍禹（陈绍玉），安徽省金寨县人。1925 年 6 月，在武昌积极参与支持上海五卅运动的活动，被推选为武昌学生联合会干事和湖北青年团体联合会执行委员。10 月，王明加入中国共产党和国民党，并担任国民党湖北省党部宣传干事。11 月，王明去莫斯科中山大学学习，因为学习努力，能说一口流利俄语，能把列宁主义的一些名词术语背得滚瓜烂熟，且很会讨米夫欢心，因而深得米夫赏识。

王明这个人权力欲很强，而且很有心机。据与王明同桌的庄晓东晚年回忆说：“每逢上列宁主义课，他总争着第一个发言，看他紧张的面颊青筋暴出，口水四溅。为了避免王明的口水溅到我的脸上，他发言时我只得把脸扭转一边，侧背而坐。因为我的座位是固定同王明坐在一张桌子上的。他的每次发言成了我的灾难。好在上其他课，他就不出声了。为什么呢？因为列宁主义的主讲人是该校副校长米夫。”

由此可见，米夫与王明都是只会投机不讲原则之人，所谓“物以类聚，人以群分”，他俩能走到一起也就不难理解了。

也是从中共六大开始，王明对瞿秋白开始心生不满。

在党的六大期间，斯大林和共产国际仍然主张中共的任务是准备暴动，提出“必须反对对于游击战争的溺爱，反对沉溺于散乱的、不相关联的、必致失败的游击战争”。要中共必须坚持“城市中心论”。

斯大林和共产国际的这一指导思想，早在1928年2月9日至25日召开的共产国际执委第九次扩大会议上通过的《共产国际关于中国问题的决议案》中就已经明确提出，王明于是根据斯大林和共产国际的理论，写了一本序言就长达万字的题为《武装暴动》的小册子，发表在当年4月1日出版的《布尔塞维克》上。六大期间，王明把这小册子塞到供代表们阅读的材料中，以此作为自己“晋升”的台阶。但由于瞿秋白、邓中夏等人的反对，王明在六大没能“脱颖而出”，从此，他对瞿秋白、邓中夏等怀恨在心。

野心勃勃而又睚眦必报的王明当然不会善罢甘休，很快，他便兴风作浪，几乎完全是无中生有地一手制造了一起所谓的“江浙同乡会”事件。

事情可追溯到1927年夏季，中山大学学年总结时，发生了拥护代理校长的学生和支持支部局的学生之间的分歧，是为教务派与支部派之争。米夫从中国回来后，支持支部派，压制教务派，当了校长。王明等人支持米夫，实际上在学生中很孤立。为了排斥异己，王明捕风捉影，捏造事实，说中山大学有一个由俞秀松、董亦湘、周达文等人组织的“江浙同乡会”的小组织，进行反革命活动。

当王明把所谓“江浙同乡会”的情况向米夫作了汇报后，米夫马上请苏联国家安全部门进行调查，经过一番秘密调查，结果“只发现一些微不足道的证据”。

王明仍不死心。当向忠发到莫斯科来出席赤色职工国际第四届代表大会时，他又把这事煞有介事地向向忠发报告。向忠发没作任何调查，在中山大学作报告时，就说“江浙同乡会”是“反党小组织”，表示一定要消灭这个小组织，对这个小组织的头头要“予以严厉的制裁”。时隔不久，中山大学便有 12 名中国学生遭到苏联当局开除党籍、团籍的处分，还有 4 人遭到逮捕。

这种时刻，中山大学的江浙籍学生便人人自危，同时又颇感气愤，认为这样处理太武断、太荒唐，于是纷纷向共产国际和中共共产国际代表团提出申诉，要求重新调查。

中共代表团接到申诉后，经过研究，决定由瞿秋白来处理此事。但王明心虚，害怕如果重新调查，自己的阴谋就会败露，故此当瞿秋白派邓中夏等人前来中山大学调查时，他便竭力阻挠。

经过一段时间调查，瞿秋白、邓中夏等认为已初步掌握证据，不存在什么“江浙同乡会”问题。为了慎重起见，1928 年秋，由共产国际监察委员会、联共监察委员会和中共代表团三方组成的调查组，再次对此事进行了调查。当时，中共六大已经闭幕，留在莫斯科的周恩来也参加了此次调查。调查结果再次表明：所谓“江浙同乡会”纯属臆断，子虚乌有。最后由周恩来在中山大学全体师生会上宣布了这个结论。大约也就在这个时候，“书生气”的瞿秋白觉得米夫总是盛气凌人、欺人太甚，于是写信向共产国际负责人库西宁提出撤换米夫东方部副部长职务的请求。

1929 年夏，中山大学举行学年总结大会，多数学生反对支部局，瞿秋白公开发表演讲，支持多数学生，对王明等支部局的领导予以批评。

如此一来，瞿秋白等于又一次把米夫和王明

给得罪了。为此，米夫和王明对瞿秋白更加恨之入骨，必欲除之而后快。

很快，机会来了。由于联共发动反对布哈林“右倾”的清党运动，对瞿秋白恨之入骨的米夫和王明便认为瞿秋白对富农的态度与布哈林如出一辙，于是便把右倾和“左”倾的帽子一起扣到了瞿秋白的头上。在清除运动中，米夫频频对瞿秋白和中共代表团进行攻击。在中山大学学习的瞿秋白弟弟瞿景白很看不惯米夫和王明的嘴脸，因为年轻气盛，一气之下，把他的联共党证退给了联共区党委，当晚便永远“失踪”了。而在中山大学特别班学习的杨之华，也因为反对米夫派，受到了严重处分。

1930 年春，米夫召集中共代表团成员，板着面孔，宣读共产国际的决议，解除瞿秋白的中共代表团代表的职务。接着，中共中央便派周恩来到莫斯科，接任瞿秋白的职务。

瞿秋白默默忍受着政治上对他的无情打击。

但是，到了 7 月，因为实际取得中共领导权的李立三犯了“左”倾冒险错误，其危害程度远远超出瞿秋白在八七会议后领导中共时的“左”倾错误。中国革命因此遭受重大损失，形势已经非常危急。为此，共产国际决定，让瞿秋白和周恩来立即回国“救火”，尽快纠正李立三的错误。

周、瞿回国后，于9月24日至28日召开党的六届三中全会。会上，周恩来传达共产国际的七月决议，李立三发言承认错误，瞿秋白作政治总结，即《三中全会政治讨论的结论》。

王明以前是拥护“立三路线”的，但后来听说共产国际对他大为恼火，于是立即改变立场，公开发表文章加以反对。

六届三中全会对李立三的批判，王明自然双手拥护。但是，他对会议的主持者瞿秋白耿耿于怀。尤其使王明生气的是，王明因反“立三路线”受了处分，如今瞿秋白不仅不对他加以褒奖和重用，而且连处分都没撤掉。

王明对瞿秋白更加怨恨。

再说中共六届三中全会所作的决议，共产国际远东局一开始基本同意，但共产国际在收到六届三中全会的文件后，很不满意，认为李立三的错误是

“反国际的政治路线”，瞿秋白、周恩来主持的三中全会“抹煞两条路线原则上的区别”。批评三中全会没有揭发“立三路线”的实质，犯了“调和错误”。

王明最先知道了内情，于是，急忙按照内情赶写了一本《两条路线》，集中攻击三中全会及由瞿秋白主持的中央政治局，并狂妄地要求撤换中央政治局的领导。

1930 年米夫到上海任共产国际驻中国代表团团长。在米夫的一手策划与操纵下，1931 年 1 月 7 日，中共六届四中全会在上海召开。米夫为使王明上台，在会上压制不同意见，把原来连中央委员都不是的王明推上前台，一跃进入中央领导核心，从而使王明“左”倾教条主义错误统治中央达 4 年之久。同时，米夫和王明又联手对瞿秋白等人极力打压，致使瞿秋白在这次会上成为批判的重点，蒙冤受屈。米夫、王明不仅点名批评他，还坚决不同意他留在中央政治局。其后，还向瞿秋白接二连三地问罪，强迫他写声明，检讨自己所犯的“调和主义”错误，迫使他表示“完全抛弃自己的一切错误和离开国际路线的政治立场，拥护四中全会”。

瞿秋白在1935年的绝命之作《多余的话》中回忆说："这期间只有半年不到的时间。可是这半年对于我几乎比五十年还长！"这短暂而又漫长的日子，是瞿秋白一生中最难熬的时光。

当年，王明、米夫一伙不仅在政治上将瞿秋白打倒，还在经济上卡瞿秋白。瞿秋白一直重病缠身，但王明故意停发他的生活费，每月仅象征性地给他十几元钱。这些钱只能让他糊口，无法治病。

于是，一半是为了挣稿费养家糊口，另一半也是出于对文艺的喜爱，平时总也闲不住的瞿秋白便拖着病弱的身子开始了"他的文学活动的黄金般的辉煌时期"。

从文人到文人政治家，如今，又还原成为一个文人，这对瞿秋白来说，也不知道是幸还是不幸？

09 与鲁迅的友谊

也许是受父母熏陶的缘故，瞿秋白从小就对文学情有独钟，并在写作和篆刻等方面表现出很高的天赋和造诣。说句实话，他的善良文弱的性格其实并不太适合从事政治活动，倒是很适合从事文字工作，只是由于时代使然，让他阴差阳错登上了政治的航船，并有幸成为“舵手”。而现在，米夫、王明让他不仅失去了“舵手”的位置，而且又变成了一个虽然穷困但颇有些才气和名气的文人。

如果就这样，重回文学的园地，以瞿秋白的勤奋与天赋，就这么一直耕耘下去，中国的现代文坛，或许又多一位大家，中国的现代文学，或许又多几篇比较著名的作品。而且，倘若用世俗的眼光来看，可以肯定的是，瞿秋白的后半生，也一定会平安、幸福许多。

但是，倘若真是这样的话，那么，中国共产党的早期历史则一定会少些什么。

据瞿秋白回忆，被撤销了党内职务，剥夺了为党工作的权利，他的内心一度很痛苦，因为心力交瘁，这期间他又生了一场大病，只得向中央请了长假。六届四中全会后，中共中央提出把瞿秋白送到苏联去治病，共产国际执委会也表示同意。而且，1931 年 5 月 17 日，共产国际政治书记处还要求把瞿秋白作为中共中央驻共产国际代表派往莫斯科，但不知什么原因最后都不了了之。

也许，是米夫和王明等人害怕瞿秋白一旦去了莫斯科有一天又会“东山再起”，给他们带来意想不到的后果，因而便暗中竭力阻挠。1931 年 10 月，王明前往莫斯科担任中共中央驻共产国际的代表。瞿秋白失去了到莫斯科工作和治病的宝贵机会。

大病期间，医生不准他写作，但是瞿秋白是个闲不住的人。在被迫连续写检查的同时，他开始动手翻译文学作品，重新推开文学大门，以此减轻内心的痛楚与烦恼，同时，也为了挣一些稿费糊口。

瞿秋白与茅盾是多年的好友，两人早在1923年在上海大学时情谊就很深。1930年8月，瞿秋白由莫斯科归来，听说茅盾已从日本回国，就用暗语写信给开明书店转茅盾，约他会面。那天，茅盾夫妇如约前来拜访。茅盾告诉瞿秋白，自己从日本回国后，一直过着地下生活，不可能也不想找公开的职业，于是就专门从事写作，靠稿费谋生。

当时，茅盾正在创作长篇小说《子夜》，瞿秋白听了很感兴趣，就问全书的情节，茅盾便仔细介绍。过了几天，是个星期日，茅盾和妻子孔德沚一起又来瞿秋白家做客，并带了刚创作好的《子夜》手稿和各章大纲来征求瞿秋白的意见和建议，瞿秋白和杨之华都很高兴。大家在一起相谈甚欢，从下午1点谈到6点依旧谈兴甚浓。对《子夜》中描写农民暴动和工人罢工的场景，瞿秋白提出了一些修改意见。大家在一起吃罢晚饭，还想再谈下去，但就在这时，邮差送来一封信，瞿秋白拆开一看，信中说："你们的母亲病得很厉害，快回去看看吧！"

这是党的机关被破坏，此地危险，赶快转移

的暗号。可是仓促间，又能转移到哪里去呢？见瞿秋白为难，茅盾夫妇当即邀瞿秋白夫妇到自己家去住。这种时候，瞿秋白和杨之华便欣然应允，在茅盾家住了一两个星期。

5 月初的一天，一个年轻人来到茅盾家，他就是冯雪峰。时任“左联”党团书记的冯雪峰来是为茅盾送刚刚出版的“左联”秘密机关刊物《前哨》创刊号的。

茅盾热情地把冯雪峰让进屋，并将他介绍给瞿秋白。

对瞿秋白，冯雪峰久仰大名，今天能在这里相识，冯雪峰有些喜出望外。

瞿秋白拿起冯雪峰刚送来的《前哨》，猛然看到鲁迅所写的《中国无产阶级革命文学和前驱的血》，便仔细看了一会儿，高兴地说：“写得好，究竟是鲁迅。”

当时，考虑到瞿秋白的安全，冯雪峰和茅盾打算把他安排到北四川路鲁迅的寓所，但又觉得不是长久之计。最后由冯雪峰设法替瞿秋白找到住房，住到南市区紫霞路 68 号谢澹如家。

果然，刚搬到紫霞路 68 号不久，国民党就发出《严缉扰乱治安之瞿秋白等务获解究》的告示，并下达全国。在“通缉令”中，蒋介石开出的价码是捉到瞿秋白的赏金 2 万元。

也就是从这时候开始，瞿秋白开始和“左联”发生联系，参与了“左联”的领导工作。

为安全起见，冯雪峰亲自担任瞿秋白与“左联”之间的中介，成了紫霞路 68 号的常客。隔不了几天，他就要来向瞿秋白介绍“左联”的工作情况，提出一些问题征求秋白的意见。秋白在仔细询问各方面的情况后，总是提出自己的意见和冯雪峰交流商讨。他写好的稿子，也由冯雪峰拿去发表。

这里值得一提的是，20 世纪 30 年代初，党对“左联”的领导，主要是通过中宣部下面的文化工作委员会（简称“文委”）去实现的。瞿秋白既不是文委负责人，也没有在“左联”担任任何职务。从目前已经解密的资料看，瞿秋白被米夫和王明“踢出”中央政治局以后，当时的党组织似乎并没有交给他领导“左联”的任务。

然而，在上海被“下岗”赋闲的那些日子里，

“出于他对革命文艺活动的热情，出于继续为党的革命事业作出新贡献的强烈愿望，也是出于一个共产党员高度的社会责任感”，瞿秋白对左翼文化运动格外关心，主动参与对“左联”的领导。而“左联”的共产党员乃至一些著名的作家文艺家像茅盾、夏衍、田汉、聂耳等也都很愿意同他交往，听取他的意见甚至是一些批评性的意见和指导，当然首先是这些倾向进步的作家文艺家出于对中国共产党的尊敬和热爱，但其中也不乏对瞿秋白个人的尊敬与信赖。

过去，“左联”办的刊物经常被国民党查封，而“左联”又不允许盟员在国民党报刊上发表文章，作品的发表一直是个很大的问题。参加领导“左联”以后，瞿秋白对此有不同的看法，他认为应该很好地利用国民党的报刊，逐步地、有计划地占领这些宣传阵地，让其“为我所用”。为此，他支持石凌鹤当了《申报》的《电影副刊》编辑，鼓励王尘无当了《晨报》的《每日电影》实际编辑。如此一来，左翼作家在《东方杂志》《申报月刊》以及其他刊物上纷纷发表文章，特别是发表了许多反对国民党“攘外必先安内”政策的杂文、随笔、漫画等等。夏衍说：“这件事，我认为秋白同志的功劳是不可磨灭的。”

什么叫共产党人的无私奉献？什么叫共产党人坚定的政治信仰？瞿秋白同志的这些表现，无疑是最生动最直观的诠释。

有学者说得好：“回顾左联的辉煌战绩，谁都不会忘记鲁迅和瞿秋白的作用。如果把 20 世纪 30 年代初期的左翼文艺家队伍比作冲锋陷阵的大军，那么，这支大军的统帅就是鲁迅，而瞿秋白则是当之无愧的政治委员。”

的确，鲁迅与瞿秋白这两个著名的人物，在当年曾英雄惜英雄，并由此在“左联”文化运动史上留下了一段佳话。

鲁迅比瞿秋白年长 18 岁，是新文化运动的重要人物。瞿秋白一直对鲁迅非常仰慕，渴望能见到这位当时中国文坛大师与泰斗。据冯雪峰后来说：“在两人没有见面以前，秋白同志已经是一看到我，就是‘鲁迅，鲁迅’地谈着鲁迅先生，对他表示着那么热情了。在鲁迅先生也是差不多。”

在未认识之前，鲁迅与瞿秋白就可谓神交已久，彼此都对对方印象颇佳。瞿秋白对鲁迅的敬爱自不必说，而鲁迅在陆续看了瞿秋白写的不少论述文学革命、文艺大众化问题的论文，如《学阀万岁》《鬼门关以外的战争》《普罗大众文艺的现实问题》《“自由人”的文化运动》《文艺的自由和文学家的不自由》等，也总是赞不绝口。他曾对冯雪峰说：“在国内文艺界，能够写这样论文的，现在还没有第二个人!”以鲁迅的学识和性格，是很难对一般人作这么高的评价的。

瞿秋白和鲁迅的第一次见面，是在1932年夏天。一天早饭后，瞿秋白由冯雪峰陪同，去北川公寓拜访鲁迅，两人一见如故，坐在鲁迅的书房里，一谈就是一整天，直到晚间才告辞。两人之间滔滔不绝，高谈阔论，似乎有说不完的话，从彼此的兴趣爱好，谈到当时的时事政治；从当前文艺界的状况，谈到“左联”的工作以及今后努力的方向；从彼此的创作，谈到各自的翻译心得和今后的创作打算……在许多问题上，两人都心灵契合，观点一致。

这次会见，使瞿秋白倍感振奋。那情形就像是砍柴的钟子期忽然有一天遇到了弹琴的俞伯牙，欣赏到了一曲高山流水似的兴奋乃至狂喜。

这以后，两人便开始在中国文坛时常联袂登台“演出”了。

当时，鲁迅热心于译介苏联文学作品，认为现在正是这些“战斗的作品更为紧要”，但是鲁迅不懂俄文，以前主要从日文转译。现在知道十分重视苏联“无产阶级文学名著”而又精通俄文的瞿秋白到来，就急忙“抓住他”，先后请他翻译了格拉特柯夫的长篇小说《新土地》、涅拉陀夫为绥拉菲摩维奇的《铁流》写的序言和卢那察尔斯基的剧作《解放了的堂·吉诃德》。

鲁迅对瞿秋白经济上的扶助，也是很令人感动的。在交往中，细心的鲁迅觉察到瞿秋白夫妇生活比较困难，便设法帮助。这对瞿秋白不啻是雪中送炭。

为了让瞿秋白得到些稿费，1932年8月间，鲁迅想让合众书店出版瞿秋白翻译的高尔基4篇短篇小说，但合众书店不愿买下瞿秋白的译作。于是鲁迅把自己的杂文集《二心集》的版权一起售出，合众书店才同意。同年11月，鲁迅将他编译的苏联短篇小说集《一天的工作》交给良友出版公司出版，这本小说集共收10篇，其中2篇由杨之华译出初稿、瞿秋白校改定稿。书稿刚寄出尚未得到良友公司的稿酬或版税时，鲁迅就从其他版税所得拿出60元给瞿秋白夫妇。

1933年3月瞿秋白在鲁迅家避难期间，鲁迅和瞿秋白一起编写了一本《萧伯纳在上海》，出版后鲁迅将全部稿费都给了瞿秋白。同年7月，鲁迅为了使当时很拮据的瞿秋白能得到一笔稿费，请瞿秋白编一本《鲁迅杂感选集》，而明知这本选集出版后会影响自己的单本杂文集的发行量。出版后，鲁迅立即给瞿秋白“编辑费”200元，其中一半钱是鲁迅垫付的。

可以说，如果没有鲁迅持续不断的经济支持，瞿秋白在20世纪30年代上海期间是很难能写出那么多文章和译作，并且传诸后世的。

都说：疾风知劲草，患难见真情。正是在一次又一次“患难”中，瞿秋白感受到了鲁迅的真情。

1932年11月下旬，瞿秋白夫妇接到中共特科联络员发来的警报，说是有一个叛徒在跟踪杨之华，必须马上转移。危难中，他们夫妻首先想到的是鲁迅，于是赶紧躲到鲁迅家避难，一直等到“警报”过去才离开。这样的避难后来又陆续发生了3次：一次从1933年2月上旬至月底；另一次是同年7月下半月，住了几天；第三次是在一个多月以后，又住了几天。当时，鲁迅的家几乎成了瞿秋白夫妇这对职业革命家的“紧急避难所”。

为此，瞿秋白也许从来没有向鲁迅当面称谢，但是他曾多次对一位党内同志说：“我是在危难中去他家，他那种亲切与同志式的慰勉，临危不惧的精神，实在感人至深。”

对鲁迅，瞿秋白不仅心存感激，而且无比尊崇，他曾认真研读鲁迅杂文，并耗费很多心血写成了《〈鲁迅杂感选集〉序言》。

这篇《序言》，是中国现代文学批评史上具有里程碑意义的经典文献。在此文中，瞿秋白称誉鲁迅：“是封建宗法社会的逆子，是绅士阶级的贰臣，而同时也是一些罗曼谛克的革命家的诤友!”“他的作品才成了中国新文学的第一座纪念碑；也正因为如此，他的确成了‘青年叛徒的领袖’。”

在与鲁迅的通信中，瞿秋白曾说：“我们是这样亲密的人，没有见面的时候就是这样亲密的人。”而鲁迅也对他与瞿秋白之间的友情极为看重。鲁迅曾手书清人何瓦琴句“人生得一知己足矣，斯世当以同怀视之”赠瞿秋白，这是鲁迅对他们友谊的最高评价。

“鲁迅和瞿秋白之间披肝沥胆、生死与共的友谊，摆脱了世俗的利害，达到了圣洁的境界。它在中国革命史和文学史上，留下了最有光彩与诗情、最有意义的篇章，历久不衰。”

10 死的赞歌

1931年年底，临时中央来电，要瞿秋白去中央苏区就任苏区中央执行委员和教育人民委员。瞿秋白一直向往和关心苏区，听到传达中央通知后，马上说："想去很久了！"

临行前，他有些恋恋不舍，与鲁迅、茅盾等文学界的知心朋友一一话别。最后，则是与自己心爱的妻子杨之华依依惜别。临走的前一夜，他的心境被离愁别恨所缠绕。据杨之华后来回忆：

"我在睡梦中不断醒过来，也不断地见到他绕着我的床踱来踱去，或者坐在椅子上沉思抽烟，安静的夜并不能安静他的心。快要天亮的时候，他看见我醒了，悄悄地走过来，低下头，指着书桌上的一叠书说：'这是你要读的书。'又把10本黑漆布面的本子分成两半：'这五本是你的，这五本是我的，我们离别了，不能通讯，就将要说的话写在上面罢，到重见的时候，交换着看吧！'"

离别的时刻终于到了。1934 年 1 月 11 日深夜，瞿秋白手提行李箱，身体羸弱的他穿着单薄的寒衣，离开租借的上海寓所前往苏区。恋恋不舍的杨之华一路送到弄堂口，站在昏黄暗淡的路灯下，她听到秋白动情地对她说："之华，我走了……"然后，他那瘦弱的身影很快便在暗夜里消失。这时，她的泪水忽然夺眶而出。

当时，她怎么也不会想到，今生今世，这竟是她与自己心爱的丈夫最后的诀别！

因为是秘密行走，瞿秋白从上海绕道香港，在路上走了将近一个月，于 2 月 5 日抵达瑞金。

那天，在瑞金苏维埃共和国一间简陋的办公室里，几位同志正在办公，忽然看到门口出现一位身材高高的、穿着灰色中式棉袄、年纪 30 来岁模样的中年男子，大家都有些发愣，但很快就有人认出他来，"秋白同志，是秋白来了！"据石联星回忆，当时"还有人用俄语叫他的名字。大家把他包围起来了，与他拥抱握手，握手拥抱，问这问那，不少同志用俄语与他交谈”。

“我终于回来了！我终于呼吸到自由的空气了！”这种时候，几乎下意识地，瞿秋白长舒了一口气，他那略显疲惫的脸上写满了幸福。

教育人民委员会的办公处邻近中央大礼堂，房屋低矮，井字结构，人字屋顶，黄土墙，与左邻右舍民房无异。每天，瞿秋白办公和住宿都在这里，虽条件简陋，但却充满欢乐。瞿秋白爱看书，他在里间墙边放上一块长木板权作书架，在破旧桌上摆放几支毛笔、一个砚台，许多文稿和重要文件就从这里产生了。在外间，有一张旧长条桌，几条长板凳，作为会议场所。每次开会时，瞿秋白总是又当主持人，又当服务员，热情地招待大家，洗茶杯，倒开水，气氛总是和谐热烈。

教育人民委员会下设教育局、教材编审委员会、中央图书馆等部门。图书馆最初是由无论什么时候都酷爱读书的毛泽东指示红军，将攻占漳州时缴获的一大批图书运回瑞金，逐步建立的。以后中央教育部发动苏区各机关和广大军民捐赠书籍，丰富了馆藏。

在图书馆，瞿秋白时常能遇到毛泽东等熟人。那时，毛泽东也被王明、博古等人排挤出中央政治局，撤销了红一方面军总政治委员职务，中华苏维埃共和国中央人民委员会主席一职也由张闻天接替。

“秋白，近日看啥子书?”每次见面，毛泽东都会操着浓重的湖南口音和瞿秋白聊上几句，并关切地询问他的身体状况。长期以来，两人关系一直很好，对许多问题又见解一致，所以，那期间，两个共产党的大政治家无疑也是嗜书如命的“大书生”经常互相走动，促膝而谈。他俩有时坐在树荫下或草坪上，有时干脆就坐在外面的泥土地上，像两个老农，“开轩面场圃，把酒话桑麻”，或谈诗论文，或曲折表达对“左”倾错误的不满，对苏区日益严峻的形势表示担忧。

瞿秋白到苏区后，苏区的形势急剧恶化，先是缺油少盐，时常吃不到有盐的菜，粮食成了很严重的问题。到第五次反“围剿”时，临时中央总负责人博古因为不懂军事，完全迷信并依靠共产国际派到中国任中共中央军事顾问的李德，把军事指挥权

完全交到这个其实并无多少军事才能却又极为刚愎自用的“洋教头”手里，结果，由于李德的瞎指挥导致第五次反“围剿”失败，不得不于这年10月放弃中央苏区，实行战略大转移，也就是后来历史上所说的“红军长征”。

听说要放弃苏区，实行转移，当时正在带病忙着主编中央政府机关报《红色中华》的瞿秋白便忙里偷闲，默默地做着“转移”的准备。随身的行李很简单，几本书和被子、衣物，没有什么好收拾的，仔细想想，倒是应该多准备几双草鞋，以备“转移”时用。于是，那些天，常常是在深夜，瞿秋白还在忙着打草鞋。他还学着当地农民的样子，打好一双，就往墙上一挂，几天下来，竟然打好了十几双草鞋。

瞿秋白等待着转移的命令，随时准备随大部队出发。

可是，等到10月上旬的一天早晨，人民委员会主席张闻天来到瞿秋白的住处，告诉他说，经过李德、博古、周恩来组成的最高三人团研究，“决定请你担任中央局宣传部部长，留在本地坚持斗争，我们相信你能够完成这一任务。等红军转移成功，我们再来接你。”

忽然听到这一决定，瞿秋白有些意外，有些吃惊，也很有些激动，一时竟猛烈地咳嗽起来。于是，他请求随红军主力和中共中央一起走，但遭到拒绝。因为情绪苦闷，那天同事请他喝酒，他喝得特别多。也许是预料到自己后来的命运，他说："我个人的命运，以后不知怎么样，但是可以向战友们保证，一定要为革命斗争到底。”

就这样，身患重病的瞿秋白未能随军长征，被留在了即将失守的瑞金。

“为了和战友们告别，瞿秋白邀请李富春、傅连璋等聚餐。席间，他举杯祝愿革命胜利。徐特立临行时看望瞿秋白。瞿秋白嘱咐他的身强力壮的马夫跟随徐老走，并把自己的一匹好马换给了徐老。”

中央红军主力撤离苏区后，敌人很快就占领了江西瑞金、于都、会昌以及福建长汀等中央苏区的中心区域。

由于形势危急，1935年2月5日，遵义会议之后的中共中央发来了“万万火急”的电报，要求留守机关和部队立即改变组织形式和斗争方式，简缩组织，以适应游击战争的环境，并决定让患病的瞿秋白等人立即转移，取道香港去上海就医。

接到电报后，瞿秋白等人由一个警卫排护送先行突围。

2 月 23 日，转移途中，在福建长汀县水口镇小迳村发生激战，与瞿秋白同行的何叔衡跳下悬崖，壮烈牺牲。邓子恢冲出重围，瞿秋白不幸被宋希濂的国民党军第三十六师抓获。

在狱中，敌人严刑逼供，受尽折磨的瞿秋白也不吐露实情。他编了一个假供，说自己名叫林琪祥，现年 36 岁，肄业于北京大学中国文学系，在上海经营旧书店及古董生意，然后又入医院学医半年，1932 年因病到福建游历，恰逢红军攻打漳州而被俘，被送往瑞金充当医生，1935 年 1 月携款逃离瑞金，不意被国民党军队俘虏。与此同时，瞿秋白还用“林琪祥”之名，分别给上海的鲁迅和周建人去信，请他们帮忙保释。鲁迅、周建人和瞿秋白的夫人杨之华得知消息后，心急如焚，立即筹集款项，准备寻找铺保，进行营救。

但就在这时，据宋希濂后来回忆：“4月下旬，我接蒋介石南京密电，称‘据可靠情报，共匪头目瞿秋白在你部的俘虏群中，务必严密清查’。”

很快，经叛徒指认，敌人很快就知道了瞿秋白的真实身份：“林琪祥就是瞿秋白。”

先前既是国民党员又是共产党员的国民党军第三十六师师长宋希濂曾读过瞿秋白介绍苏俄的文章，对瞿秋白的学问、文才都十分仰慕，因此，他想劝降瞿秋白，便将瞿秋白单独囚禁在师部，并给以“优裕生活”。但是，无论宋希濂也好，还是随后南京派来的劝降专使也罢，对瞿秋白的劝降都一律无效。诚如瞿秋白在《多余的话》中所说的那样：“我的思路已经在青年时期走上了马克思主义的初步，无从改变。”

在宋希濂安排的囚室里，因为深知自己所剩时间不多，瞿秋白便抓紧时间写了一篇长长的“供词”，还有就是那篇自传性遗书《多余的话》。

在所谓的“供词”中，瞿秋白全面、热情地宣扬中国共产党领导的苏区在政治、经济、文教等方面所取得的伟大成就，批驳了敌人反共反苏宣传，以无可争辩的事实粉碎了敌人的无耻谰言，击中了国民党的痛处。国民党的一个反共文人赵庸夫当时曾经著文评论这篇“供词”，说是“文长四千余字，首段叙在沪之生活状况，中段述刚到匪区之感想，末为匪区政治的设施，及其对伪政府之鼓吹，因而不便发表”。

而在那篇自传性遗书《多余的话》中，他毫无掩饰、毫无顾忌地将自己心中的压抑与矛盾和盘托出，犹如卢梭《忏悔录》般地勇于暴露出真实的、没有丝毫虚假的自我，但是，“《多余的话》一没有出卖党和同志，二没有攻击马克思主义和共产主义，三没有吹捧国民党，四没有乞求免死的念头。相反，《多余的话》中多处可以看见的倒是热爱党、热爱战友，坚信马克思主义和共产主义，勇于承担责任和严于解剖自己，这是《多余的话》的主要倾向，也是它的基调”。

被捕期间，反动派不惜以高官厚禄诱惑，一心想劝瞿秋白效法叛徒顾顺章。秋白嗤之以鼻，愤然回答说：“人爱自己的历史，甚于鸟爱它的翅

多余的话
瞿秋白

膀。请勿撕破我的历史！”瞿秋白慷慨陈词，视死如归，让敌人急于想劝降的阴谋彻底破产。

6月初，蒋介石发出密令：“瞿匪秋白即在闽就地枪决，照相呈验。”

1935年6月18日，瞿秋白被国民党杀害于福建长汀。

对于当时的情形，《申报》作了这样的报道。

十七日，奉中央电令，着将瞿就地枪决。翌日（十八日）晨八时，特务连连长廖祥光即亲至狱中促瞿至中山公园照相，瞿欣然随之。照相毕，廖连长示以命令，瞿领头作豪语：“死是人生最大的休息。”廖连长询以有无遗语留下，瞿答：“余尚有诗一首未录出。”当即复返囚室，取笔书诗一首并序如下：

1935年6月17日，梦行小径中，夕阳明灭，寒流幽咽，如置仙境。翌日读唐人诗，忽见“夕阳明灭乱山中”句，因集句得《偶成》一首：

夕阳明灭乱山中，
落叶寒泉听不穷；
已忍伶俜十年事，

心持半偈万缘空。

秋白绝笔　六月十八日

写罢，瞿秋白掷笔整衣，昂首走出房门。

一路上，瞿秋白用俄文和中文高唱《国际歌》："英特纳雄耐尔，一定要实现！"这时候，沿途的老百姓驻足聆听，注目送行。

进了戒备森严、游客一空的中山公园，一桌酒肴已摆在八角亭里。遵照特务连长的安排，瞿秋白先在亭前拍照。仿佛是来旅游似的，他背手挺胸，两腿分叉，面带笑容，为世人留下了一位革命者最后的风采。照相后，他背北面南坐定，自斟自饮，旁若无人。酒兴中他又高唱《国际歌》《红军歌》数遍。痛饮多杯后，他又放声歌曰："人之公余稍憩，为小快乐；夜间安眠，为大快乐；辞世长逝，为真快乐也！"歌毕，瞿秋白在呆若木鸡的士兵刀枪环护之下，走出中山公园，漫步走向刑场。

从中山公园到城外罗汉岭，两华里多，瞿秋白走了约莫 40 分钟，最后来到一片草坪之间，他站住，环顾一下四周，盘腿坐下，对刽子手点点头，微笑说："此地甚好。"然后，便面对枪口盘腿而坐。

刽子手退后一步，颤抖着举起了枪。

在中华民族几千年的历史中，虽然威武不屈视死如归的英雄豪杰大有人在，但能够把慷慨就义的场景演绎得那么悲壮那么崇高却又那么从容那么具有悲剧史诗一般意境与气氛的，屈指算来，也就嵇康、文天祥和瞿秋白等区区几人。

想当年，被称为"竹林名士"首领的嵇康因为不满司马氏篡魏，招致司马昭忌恨而致死罪。

在刑场上，嵇康表现得不像是来赴死倒像是举办专场演出的"天王"，他对前来送行的哥哥嵇喜说："把我的琴拿来吧，我要弹一曲《广陵散》！"

在刑场的高台上，面对黑压压的观众，头顶火辣辣的阳光，嵇康从容而弹。

一曲弹罢，嵇康拍了拍手站起来，那张断了弦的琴被远远抛在地上。他不慌不忙走到屠刀下，一腔热血飞溅而出。

"知音少，弦断有谁听？"在嵇康 39 岁生日的这个夏天里，《广陵散》成了他生命的绝唱！

史载，公元1283年1月9日，“南宋状元宰相”文天祥被俘后被押至元大都柴市刑场，从容就义。由于多年被囚禁于斗室，文天祥已经丧失方向感。是故临刑前，他问观刑之人南方故国方向何在。当辨明方向后，他虔诚地跪下来，向着南方祭拜，礼毕，又索笔为诗一首：

昔年单舸走淮扬，万死逃生辅宋皇。
天地不容兴社稷，邦家无主失忠良。
神归嵩岳风云变，气入烟岚草木荒。
南望九原何处是，关河暗淡路茫茫。

写毕，他对执刀的刽子手说：“吾事毕矣”，伏首受刑。时年47岁。

你看嵇康，看文天祥，竟然真能做到“视死如归”，竟然能死得那么从容，那么优雅，且还死得那么“诗情画意”！

在“视死如归”方面，瞿秋白也不遑多让，甚至比嵇康、文天祥还要略胜一筹，还要具有一

种悲壮的诗意，其所表现的完全就是一曲“死的赞歌”。

瞿秋白死时年仅36岁，但正如泰戈尔那首著名诗歌《生如夏花》所说：

生如夏花之绚烂，
死如秋叶之静美，
还在乎拥有什么？

是的，一个人生命的价值和意义，并不取决于其生命的长度，而在于它的高度和厚度。

瞿秋白的一生是伟大的马克思主义者革命战斗的一生，是杰出的共产主义战士光辉灿烂的一生。他的一生虽然短暂，但是，活得那么有意义，那么有价值，真正是“生如夏花之绚烂，死如秋叶之静美”，在中国共产党的历史上、在中华民族的历史上一定会永垂不朽，万古流芳！

图书在版编目（CIP）数据

瞿秋白 / 张树军主编；王相坤，丁守卫编著. --北京：学习出版社，2019.5（2021.5 重印）

（中华先烈人物故事汇）

ISBN 978-7-5147-0911-7

Ⅰ.①瞿…　Ⅱ.①张…　②王…　③丁…　Ⅲ.①瞿秋白（1899-1935）—传记　Ⅳ.①K827=6

中国版本图书馆CIP数据核字（2019）第091125号

瞿秋白

Qú Qiūbái

主编/张树军　副主编/王相坤　编著/王相坤　丁守卫

责任编辑：苏嘉靖　　封面绘画：邵家声

技术编辑：刘　硕　　内文插图：邵家声

美术编辑：杨　洪　　组织绘图：上海志愿文化公司

出版发行：学习出版社

北京市东城区崇外大街11号新成文化大厦B座11层（100062）

010-66063020　010-66061634　010-66061646

网　　址：http://www.xuexiph.cn

经　　销：新华书店

印　　刷：北京盛通印刷股份有限公司

开　　本：787毫米×1092毫米　1/32

印　　张：4.75

字　　数：67千字

版次印次：2019年5月第1版　2021年5月第14次印刷

书　　号：ISBN 978-7-5147-0911-7

定　　价：19.00元